Hypnotické scripty

Jakub Tenčl, Ph.D. MHS Accred

Bc. Radka Hornek CHt.

Petr Pomajbík

Tisk ve společnosti Ingram Content Group Inc.

Kniha je v distribuční síti:
Kosmas s.r.o., Lublaňská 34, 120 00 Praha 2.

Copyright © 2020 by Jakub Tenčl
Návrh obálky: Jakub Tenčl
Vydavatel: Primedia E-launch LLC
Vydáno v Praze v březnu 2020.
Jazyková korektura: Mgr. Lucie Šťastná

Kniha je dostupná v knihovnách.

ISBN: 978-1-648-71764-2

OBSAH

Úvod 4
Ukázka indukce 5
Posílení imunity 8
Přeprogramování budoucnosti 13
Posílení sebedůvěry 17
Zpřítomnění 20
Progresivní relaxace 24
Spánková deprivace 27
Překonání strachu z odmítnutí 31
Život se syndromem dráždivého tračníku 35
Překonání strachu ze smrti 40
Hypnoza pro zvládání bolesti 43
Relaxace pro uvolnění stresu 46
Hypnóza a motivace k hubnutí 49
Hypnóza na Esenciální třes 57
Hypnóza na hubnutí 66
Hypnóza na odstranění nepříjemné myšlenky 75
Hypnóza a odvykání alkoholu 80
Hypnóza a překonání strachu z nakažení virem 91
Hypnóza pro uvolnění 98
Hypnóza na dlouhodobé potíže 102

ÚVOD

Soubor skriptů v této knize, určené pro hypnoterapeuty, byl úspěšně použit v klinické praxi. Je jasné, že každý klient je svým způsobem jedinečný, proto je třeba vzít v úvahu, že skript úspěšný u jednoho klienta nemusí fungovat u jiného. Takže nejlepší způsob, jak využít následující skripty, je přizpůsobit je klientovi, nebo vyzkoušet jen jeden návrh (sugesci), pokud to je možné. Znamená to tedy, že je třeba být kreativní.

Je třeba vědět, že některá témata je nutné konzultovat s lékařem. Jak víte, hypnoterapie je komplementární metoda, takže spolupráce s lékařem nebo psychiatrem je ve většině případů její nedílnou součástí. Kde to je opravdu nutné, bude uvedeno v poznámce u skriptu.

Třetí rozšířené vydání obsahuje také skripty dalších hypnoterapeutů, kteří souhlasili s jejich vydáním.

UKÁZKA INDUKCE

Autor: Jakub Tenčl, PhD MHS Accred

Udělejte si pohodlí... Ať už sedíte nebo ležíte, nechte své ruce odpočívat na nohou... Zvolna a jemně zavřete oči... A dovolte si relaxovat... Nechte alespoň pro tuto chvíli všechny Vaše starosti stranou... V tuto chvíli na ničem nezáleží... Vaše mysl je prázdná, lehká a svobodná... Udělejte si tuto chvíli jen pro sebe, abyste si zcela odpočinuli... Začínáte se cítit více relaxovaní... Necháváte za sebou jakékoliv starosti a problémy... Není třeba bojovat s nechtěnými negativními myšlenkami, neboť odchází z mysli... Tak snadno, jak se objevily... Několikrát se zhluboka nadechněte a vydechněte... Vaše plíce se naplňují čerstvým vzduchem... s každým výdechem... Relaxujete více a více... Jakmile se zpomalí Vaše dýchání, začnete se cítit ještě více relaxovaný... Vaše tělo se propadá... Všimnete si, jak je relaxované... Od vrcholku hlavy až po špičky u nohou... Oční víčka ztěžkla... Nechali jste odejít veškeré napětí ze svého těla... Všechny svaly v těle se uvolňují... Propadáte se do Vaší mysli hlouběji a hlouběji... Cítíte se více a více relaxovaný s každým vyřčeným slovem... Tato vlna uvolnění se šíří dolů přes Váš krk a ramena do Vašich rukou, až do konečků prstů... Možná pocítíte mravenčení ve Vašich prstech... Vaše ruce začínají těžknout... Brzy si uvědomíte rostoucí pocit uvnitř, pocit klidu a spokojenosti... Cítíte každý sval v hrudi a v břiše, jak relaxují... Všechny svaly na Vašich zádech se uvolňují... Je to skoro jako mentální masáž... Propadáte se hlouběji a hlouběji... Necháváte tuto vlnu relaxace, aby se šířila Vaším tělem dolů, do nohou... Vaše nohy těžknou... Každý sval ve Vašich nohách relaxuje... Vnější svět ustupuje do pozadí... Podnikli jste cestu do Vašeho vnitřního světa, k Vaší jedinečné části, kam můžete jít pouze Vy a nikdo jiný... Jakékoliv negativní myšlenky a pocity... Jakýkoliv zvuk kolem, i když je vzdálený, ustoupí do pozadí... zvuk na kterém záleží... bude zvuk mého hlasu... Vezme Vás hlouběji a hlouběji do příjemného stavu relaxace... Možná zjistíte, že Vaše mysl začíná bloudit... Nezáleží na tom, kde se ve své mysli nacházíte a kam jdete, můj hlas bude cestovat s Vámi... Budete reagovat na mé podněty na podvědomé úrovni... Jakmile uslyšíte slovo *nyní,* všechno zbytečné napětí půjde z těla pryč a Vaše tělo bude pokračovat v propadání se hlouběji do mysli... Prožijte sebe samotné v hlubokém míru a klidu a spokojenosti... Užíváte si úžasného pocitu celkové relaxace.

POSÍLENÍ IMUNITY[1]

Autor: Jakub Tenčl, PhD MHS Accred

[Začněte oblíbenou indukcí a prohloubením.] Nyní jste hluboce relaxovaní a návrhy, které uslyšíte, budou mít trvalý a okamžitý účinek ve Vašem podvědomí. Uslyšíte každé slovo, které říkám. A když Vaše mysl bude putovat, to je v pohodě, právě teď na ničem nezáleží, opravdu na ničem, až na nádherné pocity relaxace, které teď zažíváte.

V tuto chvíli jako by na ničem na světě nezáleželo, nikdo nic nepotřebuje, nikdo nic nechce, absolutně není co dělat až na rostoucí relaxaci a touhu vše nechat jít, jen prožívat pocity, které se ve Vás vytvářejí.

Síla, která posiluje Váš imunitní systém, leží ve Vás. Je na dosah ruky, začněte s několika malými životními

---

[1]Váš klient by měl informovat svého lékaře, že podstupuje hypnoterapii pro posílení imunity. Klientův lékař by se měl vyjádřit, zda je taková terapie pro klienta bezpečná z hlediska jeho zdravotní historie.

změnami, u kterých jste si vědomi, že mohou opravdu pomoci. Připomenutím těchto změn Vašemu podvědomí, zjistíte, jak je snadné je uskutečnit bez úsilí.

První věc, kterou je třeba udělat, je zajistit, abyste měli dostatek odpočinku. Chci, abyste si zapamatovali, jak se cítíte v tuto chvíli – klidní a relaxovaní, bezstarostní, ležící, nechávající Vaše svaly ponořit se do křesla/postele. Každý večer, když jdete do postele, tak můžete takto relaxovat – zajistíte si tak, že budete mít dobrou noc. Se spánkem je propojena vyrovnaná úroveň hormonů, udržování Vaší nízké hmotnosti, jasné myšlení a uvažování, pozitivní nálady, vibrující a zdravá kůže a také zvyšující se odolnost vůči nemocem.

Ujistěte se, že všechno, co jde do Vašich úst, je dobré. Nemáte žádnou touhu po kofeinu a cigaretách – to okrádá Vaše tělo o minerály a vitamíny. Snažte se vyvarovat rafinovanému bílému cukru. Omezením tohoto typu cukru uvidíte znatelné výsledky ve Vašich úrovních energie, imunity a Vaší schopnosti jasně myslet.

Cukr nahraďte syrovou zeleninou a ovocem, jsou skvělé pro jejich antioxidanty, vitamíny, minerály, vlákninu a enzymy, které posílí Váš imunitní systém. Spontánně zvýšíte přísun vody – opravdu hodně.

Cvičení má znatelný vliv na Vaše zdraví a štěstí, a to díky uvolňování endorfinů, takže využijete jakoukoliv příležitost, která se naskytne, a půjdete ven.

A především si uděláte čas na sebe a věnujete také nějaký čas Vašim přátelům – dopřejte si masáž, horkou lázeň nebo sezení energetického léčení, když je třeba. Naše těla reagují na naše emoce, takže pokud se cítíte nepohodlně a úzkostlivě, tak se to může projevit bolením v krku nebo nachlazením. Proto si budete těchto varovných příznaků, jako je bolení v krku nebo bolení hlavy, a vyvarujte se vyčerpání – zajistíte, aby se nezhoršily.

Váš imunitní systém zajišťují malé bojovné buňky, které napadají jakékoliv cizí objekty, jež vstupují do Vašeho těla, ať už to jsou paraziti, bakterie nebo viry. Jakmile cizí objekty vstoupí do Vašeho těla, tyto malé buňky je najdou a všechny eliminují. Je to velmi těžká práce vzhledem k tomu, že cizí objekty je obtížné v bludišti buněk Vašeho těla najít. Cizí objekty se neustále vyvíjí a pokouší se dostat přes Váš imunitní systém, Vaše obranné buňky se musí navzájem informovat o těchto změnách. Pracují pro Vás opravdu těžce, někdy riskují svůj život a nedělají to za nic jiného než za poskytnutí domova – vůbec se jim nedostává vděku nebo uznání. To je vše, co chci, abyste teď udělali – tito malí „lidé" komunikují skrze sílu Vaší mysli. Posíláním pozitivních zpráv obdrží Vaše díky, a tak je motivujete, aby pro Vás pracovali mnohem intenzivněji a bojovali s cizími objekty mnohem efektivněji.

Nyní chci, abyste veškeré své úsilí vložili do soustředění, myslete na všechny ty malé bojovníky uvnitř Vás, jakou dobrou práci dělají, udržují Vás v chodu – bez nich byste se neobešli. Oni jsou nejlepšími pracovníky, v které jste kdy mohli doufat, a za to jste vděční.

Když vysíláte pozitivní signály, dává to Vašemu tělu hodně síly; všechny ty obranné objekty jsou schopné společně fungovat, spontanně do sebe zapadají jako kousky skládačky, jsou v dokonalé harmonii. Vaše tělo funguje, jak by mělo. Staráte se o něj a ono se na oplátku stará o Vás.

Tyto návrhy jsou pevně zakotveny ve Vašem podvědomí s každým dalším dnem je vnímáte intenzivněji. Postupně budete žít mnohem zdravěji, Vaše odolnost vůči každodenním nemocem se zvýší. Pokud cítíte v životě stres, je to, jako když se pokoušíte dostat na vrchol, také si uděláte na chvíli pauzu a necháte Vaše tělo načerpat síly – neboť to se stane automaticky – je to jako jemné ladění motoru, avšak stále potřebuje údržbu a zvláštní péči.

PŘEPROGRAMOVÁNÍ BUDOUCNOSTI

Autor: Jakub Tenčl, PhD MHS Accred

[Začněte oblíbenou indukcí a prohloubením.] Nyní si představte hodiny před sebou nebo hodinky na Vaší ruce... Jakmile se na hodiny podíváte, všimněte si hodinových ručiček... Vidíte, kolik je hodin... Nezáleží na tom, jaký čas ukazují, ale že vteřinová ručička se pohybuje v očekávaném směru.

Za chvíli využijeme sílu Vaší představivosti a půjdeme v proudu času do budoucnosti. Budete mít možnost vidět blízkou budoucnost... Ocitnete se na jakémkoliv místě, možná s někým, od teď přesně za jeden rok.

Budu počítat od jedné do deseti, s každým číslem uvidíte na hodinkách, že ručičky ubíhají rychleji a rychleji... Možná uvidíte i kalendář, jak každý den střídá další... Měsíc za měsícem... Jak v proudu své mysli a času cestujete do budoucnosti, a i když teď nevíte, co bude, přesto uvidíte sami sebe v příštím roce.

Jedna – dva – tři – čtyři – pět... Hodinové ručičky ubíhají stále rychleji – šest... Den za dnem se střídá v kalendáři – sedm... Vaše mysl Vás nese do budoucnosti – osm... Procházíte každým okamžikem rychleji a rychleji – devět... Jste téměř v cíli – deset... A TEĎ čas už běží normálně a Vy jste se posunuli v čase přesně o rok.

Všimněte si, kde jste... Zda jste venku, nebo uvnitř... Jak to tam vypadá... Možná i něco cítíte... Něco povědomého... Možná je někdo s Vámi... Všimněte si počasí, zda je slunečný den, anebo je zataženo. Podívejte se, co máte na sobě.

Pravděpodobně jste už zjistili, že se cítíte jinak... Cítíte se v životě šťastnější, více bezpečí... Sny, které se zdály před rokem jako nemožné, nyní vnímáte jako skutečné, neboť se opravdu splnily... Pomyslete na všechna Vaše přání a představte si, že jste vše úspěšně dosáhli. Nyní zažíváte v životě více svobody, štěstí, lásky a spokojenosti... Je to to, co jste si přáli? Nyní Vám pomůže, pokud si chvíli budete vychutnávat tento okamžik a prohloubíte pocit, že jste dosáhli spokojenosti, svobody, lásky a štěstí. [Pauza]

Nyní se vrátíme do přítomnosti... Budu počítat od pěti do jedné, Vy půjdete časem zpět... Uvidíte, jak se hodinové ručičky pohybují v opačném směru... Jak se den za dnem, měsíc za měsícem objevuje opět v kalendáři. Až se budete vracet zpět do přítomnosti, přepíšete každou událost, která se stane, takže poté vše, co se odehraje odteď, bude obsahovat pocit, který jste měla v budoucnu... Pocit spokojenosti, lásky a štěstí... Vše nyní povede k tomuto cíli a Vy přepíšete každou událost a okamžik tímto pocitem.

Bude to, jako kdybyste četli knihu, nezáleží, co se stane... Nyní víte, jak se budete cítit za rok... Bude to kapitola Vašeho úspěchu v knize Vašeho života.

Pět... Hodinové ručičky obracejí směr a jdou opět po proudu času – čtyři... Vidíte, jak se pohybují rychleji a rychleji – tři... Den za dnem, měsíc za měsícem jde zpět do přítomnosti – dva... Jste téměř v přítomnosti – jedna... A TEĎ jste zpět, celá Vaše budoucnost jednoho roku je odteď přepsána. Cokoliv, co se teď stane, bude VŽDY vést k tomu, co jste cítili v budoucnu odteď za rok.

POSÍLENÍ SEBEDŮVĚRY

Autor: Jakub Tenčl, PhD MHS Accred

[Začněte oblíbenou indukcí a prohloubením.] Nyní si představte sami sebe před Vámi, jak stojíte na schodech, které vedou dolů. Usmíváte se, Vaše oči září klidem a vyrovnaností. Váš život je stejně tak klidný, jako jsou Vaše oči, máte rodinu a několikaletý vztah. V práci zažíváte každý den úspěch, Vaše spokojenost je v každém Vašem nádechu a výdechu.

Představte si, že teď uděláte tři dlouhé výdechy a že to, co vydechujete, je bílé světlo lásky. A že toto světlo jde směrem k Vám, je před Vámi na schodech, postupně Vás obklopuje a s třetím výdechem toto světlo obklopí celé Vaše tělo, budete obklopeni láskou, klidem a porozuměním.

Ať už vědomě, nebo nevědomě, teď si můžete představit cokoliv, čím jste si přáli být ve Vašem mentálním obraze. První, co Vám přijde na mysl s každým výdechem. A pokud budete potřebovat více času, Vaše podvědomí má možnost obohatit Váš mentální obraz, má úplný přístup k němu, protože teď tento obraz posílíme ve Vašem podvědomí. Budu počítat od deseti do nuly, s každým číslem posílíme tento mentální obraz ve Vašem podvědomí, umožníte mu se dostat co nejhlouběji, jakmile řeknu nula.

Deset – devět – osm – sedm – šest – pět – čtyři – tři – dva – jedna – nula. [lusknout prsty]

Nyní si představte uvnitř svého těla bílé světlo, jak s každým nádechem roste jeho síla a intenzita. Zatímco relaxujete, světlo se rozšiřuje do všech částí Vašeho těla, nejprve do hlavy, do krku, do rukou a dlaní, do ramen a do hrudníku, pak do břicha a do stehen, pak do kolenou a lýtek a nakonec do nohou. Budu počítat od deseti do nuly a Vy půjdete hlouběji a budete sledovat, jak se bílé světlo rozšiřuje do celého těla a získává na intenzitě spolu s úrovní Vaší relaxace.

Deset – devět – osm – sedm – šest – pět – čtyři – tři – dva – jedna – nula.

Nyní si představte, že při tomto pocitu klidu a spokojenosti děláte to, co obvykle děláte každý den, neboť každým dnem budou Váš vnitřní klid a spokojenost intenzivnější, a tedy prostoupí zcela Váš život.

ZPŘÍTOMNĚNÍ

Autor: Jakub Tenčl, PhD MHS Accred

[Začněte oblíbenou indukcí a prohloubením.] Nyní si představte sami sebe ve výtahu, zatímco budu počítat od osmi do nuly, výtah bude s každým číslem klesat dolů, stejně jako Vy se propadáte hlouběji do mysli. S každým číslem prohloubíme stav mysli. Jakmile řeknu 0, Vaše mysl bude v hluboké relaxaci stejně jako Vaše tělo.

Osm – sedm – šest – pět – čtyři – tři – dva – jedna – nula [lusknout prsty]

Nyní si představte, že se probouzíte do nového dne, cítíte stejnou relaxaci a naplnění jako nyní. S tímto pocitem vstáváte a hned Vás ovládne zvědavost, první, co Vás napadne, je podívat se z okna a zjistit, jak čerstvý vzduch ráno je... Když však otevřete okno, to, co vidíte, jste ještě nikdy předtím neviděli... Nádhernou rozkvetlou zahradu, nad obzorem vycházející slunce... A k tomu cítíte vůni stromů a trávy... Uprostřed zahrady je vodotrysk s průzračnou tryskající vodou... Slyšíte zpěv ptáků, jež létají v oblacích... Možná i hlasy dětí, které si hrají v zahradě... Nikam nemusíte spěchat... Dopřejte si tuto chvíli a dovolte si cítit, neboť s každým nádechem a výdechem je Váš prožitek silnější! [čekat]

Víte, co Vás čeká, přesto nespěcháte, necháváte se unášet okamžikem. [čekat]

Cokoliv, co bylo předtím důležité, už není... Přejete si naplnit každý moment tím, co cítíte. [čekat]

Může se dostavit vděčnost, že již „vidíte a cítíte" a že vše ostatní právě teď ztrácí význam. [čekat]

Pokud byste chtěli teď pokračovat za tím, co jste měli v plánu pro tento den, bude to těžší. [čekat]

Čím více úsilí chcete vyvinout, tím více se vracíte do tohoto momentu, kdy se Vám otevřela všechna ta krása světa v jediném okamžiku. Vaše mysl prostě nechce opustit tento moment. [čekat]

A moment, kdy ustane úsilí, bude momentem, v němž bude každá myšlenka stejně nádherná jako tento moment a to, co vidíte z okna. [čekat]

A od tohoto momentu vždy, když zavřete oči, uvidíte – ať už vědomě, nebo podvědomě – rozkvetlou zahradu plnou barev s vodotryskem uprostřed a průzračnou vodou a pocítíte vůni květin, trávy a stromů. Váš dech bude klidný. [post-hypnotický návrh]

Nyní si představte, že to, co vidíte z okna, je nyní na obraze s rámem, jaký rám vyberete i jakou barvu bude mít, je na Vás.

Představte si, že na levé ruce máte ručičkové hodinky. Zatímco budu počítat od deseti do nuly, ručičky na hodinkách změní svůj směr a půjdou dozadu a stejně tak půjdete i Vy s obrazem v čase do své minulosti... A jakým časem v minulosti budete procházet, tam obraz zaplní Vaši mysl. U čísla 0 bude obraz zpřítomněný v každém momentu Vaší minulosti, v každém Vašem věku od narození.

Deset – devět – osm – sedm – šest – pět – čtyři – tři – dva – jedna – nula. [lusknout prsty]

A od tohoto momentu vždy, když zavřete oči, uvidíte – ať už vědomě nebo podvědomě – rozkvetlou zahradu plnou barev s vodotryskem uprostřed s průzračnou vodou a pocítíte vůni květin, trávy a stromů. Váš dech bude klidný. [post-hypnotický návrh]

PROGRESIVNÍ RELAXACE

Autor: Jakub Tenčl, PhD MHS Accred

[Začněte oblíbenou indukcí a prohloubením.] Nyní si představte modré světlo na vrcholku Vaší hlavy, toto světlo září a má zvláštní význam. Přináší ještě hlubší relaxaci do Vašeho těla.

Nyní je čas se rozhodnout, zda si dovolíte relaxovat. Jen pro tuto chvíli být schopní uvolnit naakumulovaný stres z každodenního života, všechny starosti, které jsou uloženy ve svalech. Právě teď jste schopní toto vše uvolnit a nechat to jít.

A i když je možná těžké tomu uvěřit, přemýšlejte o tom, kdo jiný by měl relaxovat, když ne Vy? Jak se můžete cítit lépe, když jste si nedovolili relaxovat? Stejně jako sval potřebuje cvičit, schopnost relaxovat musí být také procvičována.

Nyní světlo na vrcholu Vaší hlavy září ještě mnohem více než předtím. Představte si, že světlo postupuje dolů skrz čelo, obočí, oční víčka, nos, tváře, rty, bradu a krk... Pak do ramenou... A dále dolů skrze ruce do konečků prstů. Jako by svaly teď patřily někomu jinému.

Modré světlo nyní pokračuje do hrudi. S hlubokým nádechem můžete cítit jeho intenzitu. Světlo pak pokračuje do Vašeho břicha. Cítíte lehkost, která roste spolu s intenzitou relaxace.

Světlo proniká do stehen a pak prochází skrze kolena a dále do nohou. Jakmile je světlo ve Vašich nohou, tělo je relaxované v každé jeho části a s každým nádechem tato relaxace roste.

Představte si, že stojíte na pláži u moře, na obzoru před Vámi je slunce, nebe nad Vámi je blankytně modré. Ve stejné chvíli slyšíte zvuky vln, které se dotýkají pláže pláže. Zní to jako hudba ze sfér klidu a spokojenosti. Na nebi vidíte letící racky, zvuky, které vydávají, doprovázejí šumění moře.

Čerstvý vítr vonící solí se dotýká Vašich vlasů a kůže, zhluboka se nadechněte. Čím hlubší je Váš nádech, tím více svěžesti se nachází uvnitř Vás.

Najednou si uvědomíte, že za Vámi jsou palmy a kam až Vaše oko dohlédne, vidíte, že jste obklopeni jen přírodou.

Budu počítat od deseti do nuly, každé číslo je jako kapka vody, která naplňuje prostou myšlenku, že odteď po zbytek života budete schopni s neobvyklou lehkostí nechat věci jít, ať už budou jakékoliv. Čím více se cítíte relaxovaní, tím více jste schopni nechat věci jít.

Deset – devět – osm – sedm – šest – pět – čtyři – tři – dva – jedna – nula.

Vždy, když uslyšíte, že stojíte na pláži, budete se cítit silnější, schopní se dostat přes cokoliv nečekaného mnohem snáz než kdykoliv předtím.

SPÁNKOVÁ DEPRIVACE[2]

Autor: Jakub Tenčl, PhD MHS Accred

[Začněte oblíbenou indukcí a prohloubením.] Nyní jste hluboce relaxovaní a návrhy, které uslyšíte, budou mít trvalý a okamžitý účinek ve Vašem podvědomí. Uslyšíte každé slovo, které říkám – a když Vaše mysl bude putovat, to je v pohodě – právě teď na ničem nezáleží, opravdu na ničem, až na nádherné pocity relaxace, které teď zažíváte.

Nyní chci, abyste si představili, že se chystáte na výlet na ostrov. Budu počítat do deseti, během počítání budete schopni tuto cestu uskutečnit. Nevím, zda budete cestovat letadlem, lodí, nebo zda na ostrov doplavete, volba je na Vás.

---

[2] Váš klient by měl informovat svého lékaře, že podstupuje hypnoterapii pro překonání problémů se spánkem. Klientův lékař by se měl vyjádřit, zda je taková terapie pro klienta bezpečná z hlediska jeho zdravotní historie.

Cesta začíná – jedna... Jdete hlouběji do více relaxovaného stavu s každým číslem.

Dvě – tři – čtyři – pět...

Šest... Něco Vám řeknu o tomto ostrově, na který jedete. Tento ostrov je Váš ostrov klidu. Je velmi hluboko ve Vás.

Sedm... Jdete hlouběji a hlouběji... Tento ostrov je tak hluboko ve Vás, že nemůže být ničím a nikým napaden, je jen Váš.

Osm... Jste hlouběji a hlouběji relaxovaní... Váš ostrov nemůže být nikým napaden... Nemůže být ničím napaden.

Devět... Ještě hlouběji a více se ponoříte do relaxace... Když jste na tomto ostrově, jste v bezpečí, možná si dovolíte pocity, které si přejete, aby se projevily zcela otevřeně, pocity hluboce prožité.

Deset... Nyní jste na Vašem ostrově klidu. Vidíte sami sebe, jak uprostřed džungle stojíte u jezera, do kterého teče vodopád. Teď skočíte do jezera, zjistíte, že voda je teplá a příjemná. Toto teplo začíná u Vašich nohou a lýtek, pak pokračuje do Vašich stehen, dále do těla, rukou a krku, jak se brodíte dále, až jste zcela ponoření.

Během Vašeho plavání směrem k vodopádu si všimnete ploché skály, která je dostatečně velká, abyste na ní mohli stát. A to přesně uděláte, stojíte na ní pod vodopádem a teplá voda dopadá na Vaše tělo, masíruje Vás a uklidňuje... Jste daleko od všech starostí, napětí a problémů... Prožíváte nádherný pocit klidu. Každý sval, nerv ve Vašem těle je v klidu.

Udělejte krok a natáhněte se na hladké, sluncem prohřáté skále, která je překvapivě pohodlná. Teplo ze skály proudí do Vašeho těla spolu s čerstvým vzduchem, sluncem a jemnými zvuky džungle, které k Vám doléhají z dálky vytvářejí příjemný, ospalý pocit uvnitř Vás, pocit, který se stále více stává všezahrnující, unáší Vás do říše spánku.

Jdete hlouběji do klidného spánku a budete spát až do rána. Jakmile se probudíte, budete se cítit svěží a odpočatí. Budete se cítit pozitivně, protože jste spali velmi dobře a měli jste nádherné sny.

PŘEKONÁNÍ STRACHU Z ODMÍTNUTÍ

Autor: Jakub Tenčl, PhD MHS Accred

[Začněte oblíbenou indukcí a prohloubením.] Nyní jste hluboce relaxovaní a návrhy, které uslyšíte, budou mít trvalý a okamžitý účinek ve Vašem podvědomí. Uslyšíte každé slovo, které říkám – a když Vaše mysl bude putovat, to je v pohodě – právě teď na ničem nezáleží, opravdu na ničem, až na nádherné pocity relaxace, které teď zažíváte.

Vaše oči jsou zavřené... Oční víčka ztěžkla... Necháváte se unášet hluboko do Vaší mysli... Víte, že čas od času máte těžké dny... A v těchto dnech se můžete cítit odmítnutí, ať už vědomě, nebo ne... Víte, že to je těžký kámen u nohy... Jakýkoliv pohyb je tak obtížný... Čím více se pokoušíte, tím těžší to je... Chtěli byste se posunout v životě... Ale počkat... Nyní jste se rozhodli to změnit, nebo ne? Zanechat svůj strach navždy a osvobodit se... Zkrátka změnit dynamiku Vašeho života. Chcete se opravdu cítit lehce ve Vašem životě? Samozřejmě, že chcete, že?

Výborně! Nyní jste připraveni... Vaše podvědomá mysl ví, co se stalo kdykoliv ve Vašem životě... Každý pocit, každá emoce, všechno je nahráváno... Je to, jako byste měli počítač, ale s neomezenou pamětí.

Využijeme tuto skvělou schopnost Vaší mysli a půjdeme zpět v čase až k prvnímu momentu, kdy jste se cítili odmítnutí. Nechte Vaši mysl, aby Vás vrátila zpět v čase.

Jdete hlouběji a hlouběji... Napříč časem. Nezáleží teď na tom, co je na konci, ať už to víte, nebo ne, Vaše podvědomí Vám řekne čistou pravdu... ALE cesta zpět vede skrz tunel... Každý okamžik v tunelu přináší pocity lehkosti... Pamatujte, že Vaše podvědomí opravdu zná první okamžik Vaší zkušenosti s odmítnutím... Možná uvidíte v tunelu střípky Vašich vzpomínek... Momenty z Vašeho života... A na konci to budete vědět... To je ono! Moje první chvíle odmítnutí.

Na konci tohoto tunelu jsou dveře. Jsou bílé... Jdete zpět v čase... Začínáte rozpoznávat své mladší já. Vidíte velkou změnu. Teď jste starší a moudřejší... Všechny vzpomínky teď mají jinou perspektivu... Když se to stalo v minulosti, byli jste zmatení... Vaše nová perspektiva Vám dává možnost volby... Teď víte, jak chcete vidět tyto vzpomínky... Možná je chcete nechat jít... Udělejte to teď!

Jako dospělí... Vracíte se k okamžiku prvního odmítnutí, teď! Vidíte sebe, Vaši tvář, prostředí, lidi s Vámi a místo... Víte, že kdyby Vám někdo něco řekl nebo kdybyste sami něco udělali, změnilo by to Váš pocit, že? Nyní, jako dospělí, starší a moudřejší, můžete dát svému mladšímu já to, co potřebuje... Možná lásku... Nebo pozornost či pochopení... Takže uvidíte, že jste svým nejlepším přítelem. Začínáte si uvědomovat, že už nemusíte mít strach z odmítnutí, protože jste se přijali... Jste svým nejlepším přítelem. Jasně chápete s veškerou moudrostí, že jsou chvíle, ve kterých lidé odmítají něco, co řeknete nebo uděláte... Ale také víte, že to nejste Vy, koho odmítají.

Jako kdyby někdo Vám něco navrhl, o čem si myslíte, že to je nesmyslný nápad. Neodmítáte toho, kdo to navrhuje, ale pouze jeho návrh.

Nyní Vás vezmu zpět. Budu počítat od jedné do pěti, u čísla pět budete bdělí, budete se cítit svěží a s pozitivní zkušeností.

Jedna – dva – tři – čtyři – pět a jste bdělí.

ŽIVOT SE SYNDROMEM DRÁŽDIVÉHO TRAČNÍKU[3]

Autor: Jakub Tenčl, PhD MHS Accred

[Začněte oblíbenou indukcí a prohloubením.] Nyní jste hluboce relaxovaní a návrhy, které uslyšíte, budou mít trvalý a okamžitý účinek ve Vašem podvědomí. Uslyšíte každé slovo, které říkám – a když Vaše mysl bude putovat, to je v pohodě – právě teď na ničem nezáleží, opravdu na ničem, až na nádherné pocity relaxace, které teď zažíváte.

Každý nádech přináší modré světlo do Vašich plic a poté do krevního řečiště. Každý nádech zesiluje modré světlo, jež je v krevním řečišti. To je způsob, jak tělo uvolňuje napětí a zažívá lehkost v jeho vlastní moudrosti.

---

[3] Váš klient by měl informovat svého lékaře, že podstupuje hypnoterapii. Klientův lékař by se měl vyjádřit, zda je taková terapie pro klienta bezpečná z hlediska jeho zdravotní historie.

Každý nádech vytváří lehkost skrze modré světlo, které přichází ve formě vzduchu do Vašich plic.

Soustřeďte se na modré světlo, zatímco budu počítat od sedmi do jedné, u čísla jedna zažijete hlubokou relaxaci.

Sedm – šest – pět – čtyři – tři – dva – jedna. [lusknout prsty]

Možná jste teď zvědaví, co tedy způsobuje Váš symptom a jak se mu vyhnout v budoucnu. Možná že jste si v minulosti už víckrát přáli nalézt řešení. Pokuste se rozpomenout na všechna přání v minulosti, budete více schopní pracovat s tím, co přijde.

Nechte své podvědomí rozhodnout, kdy jste připraveni se vydat na tuto cestu. Jakmile se to stane, dovolte si hluboký nádech a výdech.

Představte si hodinky s ručičkami na Vaší levé ruce. Budu počítat od tří do jedné, u čísla jedna uvidíte, jak se ručičky otáčejí a jdou proti směru. Vaše mysl se vrátí zpět do situace, kdy jste poprvé zažili tento symptom.

Tři – dva – jedna. [lusknout prsty]

Jdete rychleji a rychleji zpět v čase, dále a dále do minulosti. Soustřeďte se na hodinky, vidíte ručičky, které jdou proti směru.

Jakmile budete mít pocit, že jste se ocitli v prvním okamžiku, kdy jste zažili Váš symptom, zvedněte ukazováček na Vaší pravé ruce.

Výborně! Nyní chci, abyste šli ještě dále, zpět k čemukoliv, co bylo jeho příčinou.

Všimněte si, kdo jste... Jste mladší... Co je kolem Vás? Kdo je s Vámi? Pokud tam vůbec někdo je.

Víte už, co způsobilo Váš symptom, že? Vaše objevování příčiny a Vašich pocitů Vám pomohly najít řešení.

Co když je to tak jednoduché? Jde jen o jiný způsob, jak reagovat a cítit se. Stáváte se zdravější a pozitivní.

Možná uvidíte rozdíl mezi Vaší stávající reakcí a alternativou, jak by to mohlo být zdravější a pozitivnější. Pokud to nevidíte, nedělejte si s tím starosti, Vaše podvědomí Vám poskytne řešení, možná ve Vašem snu nebo skrze automatickou změnu, která bude poté rozpoznatelná.

Představte si, že jste v situaci, která vyvolává Váš symptom. Víte, co je spouštěč úzkosti, i přesto že máte řešení, podívejte se na zdroj tohoto pocitu ve Vašem těle. Ve Vaší pravé ruce držíte míček, představte si, že s intenzitou Vašeho pocitu zavíráte míček ve Vaší ruce. Intenzita pocitu pomáhá Vaší ruce zavřít míček tak silně, jak to jde.

Zhluboka se nadechněte a představte si míček s modrým světlem uvnitř, veškerý stres a napětí jde do tohoto světla s každým výdechem.

Nyní dejte Vaši levou ruku na místo, kde si myslíte, že byl zdroj nepříjemného pocitu, a představte si, že modré světlo z míčku jde skrze Vaši ruku do tohoto místa.

Zároveň Vaše pravá ruka uvolňuje míček jako potvrzení, že nepříjemné pocity odchází.

Představte si, že modré světlo se stalo zdrojem léčení. Vaše ruka začíná být teplejší – s každým výdechem je dokonce ještě teplejší.

Vaše podvědomí od této chvíle ví, že kdykoliv nastane situace, v níž se může objevit spouštěč, budete relaxovat a budete vědět s jistotou, že se nemusíte cítit, jak jste se cítili předtím. Pak znenadání bude Vaše ruka teplejší, takže budete schopni dát Vaši ruku na místo zdroje – uvidíte, že modré světlo automaticky léčí a mění Váš pocit.

Nyní Vás vezmu zpět. Budu počítat od jedné do pěti, u čísla pět budete plně bdělí, budete se cítit svěží a s pozitivní zkušeností.

Jedna – dva – tři – čtyři – pět a jste bdělí, otevřete oči.

PŘEKONÁNÍ STRACHU ZE SMRTI

Autor: Jakub Tenčl, PhD MHS Accred

[Začněte oblíbenou indukcí a prohloubením.] Vaše oči jsou zavřené a Vaše tělo zažívá relaxaci. Váš dech naplňuje plíce a výdech přináší relaxaci do Vašich svalů... A v každém okamžiku, ve kterém si to uvědomíte, budete zažívat život ve své vzácnosti. Ale nyní jste v hlubokém spánku. I když Vaše mysl a tělo zažívá relaxaci, přesto můžete mít sen.

Měli jste někdy sen, ve kterém jste zemřeli? Pokud ne, tak to je v pořádku. Přemýšlejte o tom... Jak byste se cítili... Co opravdu znamená smrt... Pokud byste se někoho zeptali na vysvětlení, dostali byste odpověď, že smrt znamená změnu.

Proč je změna tak nežádoucí... Podívejte se na květiny v zahradě. Představte si, že stojíte uprostřed této zahrady od rána do večera a přes noc a pak další den znova a znova. Co myslíte, že uvidíte?

Možná uvidíte květiny a jejich nekonečnou sílu, když rostou, když se každé ráno otevírají a pak se večer zavírají... Ale co se stane, když přijde jejich čas? Stejná síla pomůže udržet cyklus života. Ve skutečnosti tato květina nezemře. Nejprve se stane součástí země a pak znova podpoří růst květin... Takže další květina bude dokonce krásnější.

Je krása největší silou na této Zemi?

Chtěli byste být květinou s největší silou, která podporuje krásu každého okamžiku? Představte si, že říkáte ano, že to chcete... Jaký je to pocit?

Budu počítat od deseti do nuly, každé číslo posílí tuto myšlenku ve Vašem podvědomí.

Deset – devět – osm – sedm – šest – pět – čtyři – tři – dva – jedna – nula. [lusknout prsty]

Pojďme zpět do Vašeho snu. Přemýšlíte o tom, jestli zemřete ve svém snu, ve skutečnosti se musíte probudit v realitě. Když jsou Vaše oči zavřené, musí se dříve nebo později zase otevřít. A to je cyklus života. To je jediná věc, kterou si můžete být jisti. Nebo ne?

Jakmile budete připraveni projít svůj sen, dejte mi vědět zvednutím ukazováčku na Vaší levé ruce. [čekat na odpověď]

V pořádku, nyní si představte, že nevyhnutelné přichází, ještě předtím se zhluboka nadechněte a představte si, že stojíte uprostřed zahrady a že jste obklopeni nekonečným počtem květin. Váš dech je delší a hlubší, jakmile si připomenete krásu této zahrady. Nyní ve Vašem snu zavřete oči.

Jste připraveni se probudit! Budu počítat od jedné do pěti, u čísla pět budete plně bdělí, budete se cítit svěží a s pozitivní zkušeností.

Jedna – dva – tři – čtyři – pět a jste bdělí.

HYPNOZA PRO ZVLÁDÁNÍ BOLESTI[4]

Autor: Jakub Tenčl, PhD MHS Accred

[Začněte oblíbenou indukcí a prohloubením.] Nyní jste hluboce relaxováni a návrhy, které uslyšíte, budou mít trvalý a okamžitý účinek ve Vašem podvědomí. Uslyšíte každé slovo, které říkám. A když Vaše mysl bude putovat, to je v pohodě, právě teď na ničem nezáleží. Opravdu na ničem. Až na nádherné pocity relaxace, které teď zažíváte.

Nyní, když se cítíte v hlubokém stavu relaxace a klidu, dovolte Vaší mysli se ponořit hlouběji do Vašeho těla, dokud nenaleznete Vaše nepohodlné místo... Vidíte to v trojrozměrné podobě... Představte si celou oblast Vašeho nepohodlí, že je tvořena malými bílými krystaly... Jako korálky nebo malé kousky bílého písku... Nyní se

---

[4] Váš klient by měl informovat svého lékaře, že podstupuje hypnoterapii. Klientův lékař by se měl vyjádřit, zda je taková terapie pro klienta bezpečná z hlediska jeho zdravotní historie.

soustřeďte na představu, že se nad vámi zformuje barevné světlo... V barvě, kterou si zvolíte... To je léčivá barva, tak uklidňující a konejšivá... Barva začíná zářit jasně nad Vámi a pak září dolů od vrcholku hlavy, stéká dolů přes Vaši hlavu... Uklidňující a úžasná barva, je tak léčivá, jak pomalu a jemně teče dolů směrem k bílým krystalům. Směrem k trojrozměrné formě... Nechte to jemně procházet Vaším tělem dolů... Přináší to nejkrásnější pocit klidu a relaxace a léčení... Rozpouští jakékoliv napětí, jak se přibližuje k bílým krystalům... (Pauza)... Nyní si velmi pomalu a jemně představte, že léčivá barva rozpouští bílé krystaly... A jak se rozpouští, mění se v mlhu léčivé barvy a ta se pak odpařuje... Jen odpaření bílých krystalů a barevné mlhy, které se rozpustí do atmosféry, pryč od Vás a kohokoliv jiného, kde na Vás nemohou mít jakýkoliv vliv. Bílé krystaly roztávají v léčivé barvě a ta se pak odpařuje, dokud jste nerozpustili tolik, kolik jste dnes chtěli... Nebo tolik, kolik můžete v tomto momentě... (Pauza)... Není to úžasné cítit rostoucí pocit klidu a pohodlí? Získali jste kontrolu a zdraví a štěstí ve svém životě... Prožijte ten začínající úsměv uvnitř, protože je dobré vědět, že se cítíte více v pohodě a pod kontrolou...

RELAXACE PRO UVOLNĚNÍ STRESU

Autor: Jakub Tenčl, PhD MHS Accred

Zavřete oči a soustřeďte se na svůj dech. Při každém výdechu přirozeně relaxujete. Nalaďte se na tu relaxaci a dovolte si relaxovat více s každým výdechem. S každým nádechem dovolte příjemné barvě, aby Vám dala pocit síly a klidu. Dovolte všem zvuků kolem vás a každé myšlence, kterou máte, abyste vás ještě více uvolnila. Představte si že máte pomyslný kohoutek, který je připojen k vašim rukám a nohám.

Představte si tyto kohoutky, jak se široce otevírají a umožňují jakémukoliv napětí nebo fyzickému nepohodlí snadno proudit ven z těla. Představte si ve své mysli a ve svém těle pocit tohoto proudění, které se nakonec stává pramínkem a pak jen kapkou. Můžete si také představit kohoutek připojený k jakémukoliv místu na svém těle, o kterém si myslíte, že bude mít prospěch z právě zažívané relaxace a pohodlí. Zatímco pokračujete v uvolňování, dovolte každému svalu a každému nervu, aby se stal zcela relaxovaný a lehký.

Zatímco pokračujete v relaxaci dovolte světlu, vzdušnému pocitu proudit skrze vás. Způsobuje celkový pocit beztíže. Dovolte si se cítit tak, jako byste se vznášely výše a výše, bezpečně uchycení jako balón plný helia nebo papírový drak připojený k dlouhému provázku. Zatímco jste unášeni, dovolte tomuto pocitu, aby vám pomohl uvolnit všechny starosti, obavy nebo fyzické nepohodlí. Nechte se v mysli unášet na velmi příjemné místo, místo, kde se cítíte bezpečně, pohodlně a v úplné kontrole. Dovolte si zažít bezpečí a pohodlí v každé oblasti svého života.

Nyní budu počítat od dvaceti do jedné. Mezitím dovolte vašemu pohodlí a relaxaci, aby se každým číslem zdvojnásobily. Jakmile dosáhnu čísla jedna, usaďte se klidně tam, kde se právě nacházíte. Dovolte si zůstat relaxování a v dokonalém pohodlí od hlavy až k prstům na nohou.

20, 19, 18, jste unášeni a usazováni;

17, 16,15, tak relaxovaní, a tak klidní;

14, 13, 12, 11, nechte klid a pohodlí, aby teď byly vaše;

10, 9, 8... 7, 6, 5... 4, 3, 2, 1; nyní se vše dokonalým způsobem usazuje a Vy se cítíte naprosto relaxovaní.

Nyní budu počítat od jedné do 5; mezitím si dovolte vrátit se do plného vědomí. Dovolte, aby vás kohoutky nyní naplnily silným sebevědomím a pohodlím a u čísla 5, otevřete oči.

Jedna, tento pohodlný klid je vždy váš. Dvě, zažíváte to v každé oblasti svého života. Tři, cítíte sílu, která prochází skrze vás, cítíte se sebejistější a více ostražití. Čtyři, vaše oči se cítí jako by byly opláchnuté v chladné pramenité vodě, která osvěžuje každou buňku ve Vašem těle. Pět, otevřete oční víčka, zhluboka se nadechněte a pociťte hluboký klid v celém svém těle.

HYPNÓZA A MOTIVACE K HUBNUTÍ

Autor: Bc. Radka Hornek C.Ht.

Indukce:

Pohodlně se usaďte, nebo se položte, jak vám to bude vyhovovat, a soustřeďte se jen na můj hlas, který vás bude bezpečně provázet po celou dobu relaxace.

Můžete si pomalu zavřít oči a soustředit se jen na svůj dech. Nádech střídá výdech, vaše fyzické tělo se postupně uvolňuje od hlavy až ke konečkům prstů na nohách. S každým výdechem se můžete uvolnit o něco více a více. Vaše svaly se uvolňují a dech se zpomaluje. Váš tep se zklidňuje a vaše fyzické tělo je stále uvolněnější a relaxovanější. Vaše mysl pro tuto chvíli nechává všechny problémy a starosti odplout. Čím víc se na své myšlenky budete soustředit, tím rychleji se budou rozpouštět a mizet. Vaše fyzické tělo a vaše mysl jsou uvolněné a relaxované více a více.

Sugesce:

Dostáváte se nyní do velmi hluboké a pohodlné relaxace. Vaše podvědomí je nyní v ideálním stavu pro vaši vizualizaci a mé návrhy.

I když jste se často cítila s vaší váhou nepohodlně, můžete si vzpomenout na dobu, kdy jste měla ideální váhu a tvar postavy vhodný k vaší výšce a tělesné konstrukci. A pokud jste dosud nikdy neměla ideální hmotnost, takovou, jakou byste si představovala, nezáleží na tom, protože tvůrčí podvědomí si dokáže představit, jak se budete cítit, když ztratíte ta nadbytečná kila, a jak se budete cítit, když se dokážete snadno a volně pohybovat bez zátěže, bez toho nadbytečného tuku.

S takovým tělem a takovou ideální hmotností jste spokojenější a zdravější, máte více energie a daří se vám snadněji zvládat denní záležitosti, přináší vám to pocit uspokojení, větší sebevědomí a svobodu.

Jste rozhodnuta pro změnu, je čas začít. Ztráta hmotnosti je snadná, začínáte ztrácet nadváhu postupně, ne okamžitě, ne během jednoho týdne nebo dvou, ale postupně a bezpečně v několika dalších týdnech a měsících. Váš životní styl se nyní mění.

Když se nyní hlouběji a hlouběji uvolňujete fyzicky i psychicky a jste v pohodlném relaxačním stavu, vaše mysl začíná přijímat tyto užitečné sugesce, které vám budou nápomocny v bdělém stavu, a vaše podvědomá mysl bude využívat tyto sugesce pro vaše dobro a bezpečí.

První věc, kterou vaše mysl začíná přijímat, je, že pokud chcete zhubnout, budete spalovat více kalorií než přijímat. Takže bez ohledu na to, co jste v minulosti denně jedla nebo pila, nyní víte, že je potřeba mít takové stravovací návyky, které jsou pro vás správné a zdravé.

Cítíte, že když znáte řešení pro vaši nadváhu, že když víte, co vám bude dělat dobře a bude pro vás užitečné, vaše chuť k jídlu klesá a vy na jídlo myslíte jiným způsobem. Myslíte na jídlo jako na zdroj zdravé energie pro vaše tělo a pro váš zdravý životní styl. Jídlo je pro vás lékem na všechny zdravotní problémy, které jste si způsobila špatnou životosprávou v minulosti. Stále více a více je pro vás důležité jíst zdravě, jíst základní potraviny, které přináší tělu kvalitní energii a další složky, jako jsou vitamíny, minerály, vlákninu. Víte, že v kvalitním jídle je obsažena řada nezbytných živin pro vaše tělo. Především zdravé sacharidy, bílkoviny a

tuky. Je velmi důležité, aby získaná energie byla složená vždy právě z těchto tří složek, a to ve správném poměru. Proto se zajímáte o zdravou výživu a dbáte na to, aby množství přijímané energie bylo v rovnováze s množstvím vydané energie.

Když jíte, děláte to proto, abyste žila, je to pravda, že? Už nežijete proto, abyste jedla. Více a více slábne vaše chuť na cukr a nezdravé průmyslově zpracované potraviny a postupně mizí potřeba pít sladké sycené nápoje. Místo toho se soustředíte na zdravé potraviny, které tělo potřebuje k životu. Chutná vám zdravé jídlo a nezdravé jídlo chutná prázdně a neuspokojuje vás. Sladkosti, zákusky a čokoláda vám přestávají chutnat. Lákavé výlohy se sladkostmi jsou vám lhostejné a každý den chuť na sladké slábne, slábne a mizí, více a více. Až úplně zmizí. Opatrujete své tělo více a více. Pijete kvalitní čistou vodu a bylinkové čaje. Alkohol a jiné stimulující nápoje vám škodí, že? Vaše mysl je zaměřena na chuť žít. To, co je pro vás důležité, je vaše zdraví a spokojenost, pocit bezpečí a jistoty, sebedůvěra, kterou získáváte stále více a více.

Jste odhodlaná chodit, kdykoliv můžete, ať už je to nahoru a dolů po schodech, do obchodů, do města, nebo navštívit přátele. Na tom opravdu nezáleží. Je důležité, že chůze se pro vás stává velmi důležitou součástí zdravého života. Zjistila jste, že můžete chůzi využít jako zdroj vydávání energie a pohyb je pro vás důležitý. Čas, který pohybu věnujete, vás uspokojuje a dodává vám potěšení a nadšení. Je silnou motivací na vaší nové cestě za zdravím a spokojeností. To vám připomíná, že skutečně ztrácíte váhu, ztrácíte váhu a cítíte se báječně. Ztrácíte váhu a máte naprosto úžasné pocity.

Při vašich procházkách začíná vaše mysl nalézat tolik různých věcí a myšlenek, na které se můžete začít soustředit. Anebo může jen tak svoji pozornost zaměřit na svůj dech. Přijímat tak více kyslíku a s každým výdechem uvolnit ze svého těla napětí.

Vizualizujte si nyní vaši představu svého těla v budoucnu, až dosáhnete své ideální váhy. Budoucnost, kdy je vaše tělo štíhlejší, zdravější a jste mnohem sebevědomější, prohlédněte si samu sebe a prociťte ty úžasné pocity, které vám to přináší. Vypadáte a cítíte se tak dobře, že? Všimněte si, co máte na sobě. Oblečení, které máte, vypadá velmi dobře na vašem nádherném, štíhlém a zdravém těle, že? Jak se cítíte? Představte si, že vám ostatní lidé blahopřejí, chválí vás a obdivují, jak postupně hubnete. Právě teď tady ve své nádherné, tvůrčí představivosti jste štíhlá, zdravá, máte ideální hmotnost a křivky k vaší postavě i výšce. Vypadáte dobře, cítíte se dobře, jste spokojená. Pojďme si tento obraz vašeho ideálního já umístit nahoru do pravého horního rohu vaší mysli. Můžete si ho kdykoli v bdělém stavu připomenout, znovu a znovu, jak úžasné to bude, až dosáhnete své ideální váhy a zdraví.

Každý den hubnete, ztrácíte váhu a máte úžasný pocit. Vaše energie se zvyšuje, protože používáte své tělo tak, jak je to pro něho výhodné a zdravé. Vyrovnáváte tak chvíle cvičení nebo chůze s chvílemi odpočinku a váš spánek se zlepšuje jako přímý důsledek vašeho nového zdravého životního stylu.

Během období odpočinku si vaše podvědomí připomíná každý den svůj cíl tím, že využije představy o své ideální hmotnosti a tvaru, kterou si uložilo do své vizuální paměti do pravého horního rohu. Vypadáte naprosto báječně. Všechny tyto mé

návrhy jsou pevně zakotveny ve vaší podvědomé mysli a každým dnem jejich význam pro vás roste více a více.

Závěr:

Za malou chvíli budu počítat od 1 do 5 a až vyslovím číslo 5, budete zpátky v bdělém stavu.

1... 2... 3... 4... 5.

HYPNÓZA NA ESENCIÁLNÍ TŘES[56]

Autor: Bc. Radka Hornek C.Ht.

Začněte s oblíbenou indukcí a poté prohloubení:

Vy už víte, že esenciální třes, jak je známo, je nedobrovolný rytmický třes nějaké části těla, zejména rukou. A dnes jste udělal velmi důležitý krok, tím, že jste se rozhodl přijít na sezení a naslouchat mému hlasu. Nyní jste o krok blíž k tomu, abyste mohl vést kvalitní život. První věc, kterou uděláme, je, že napravíme všechny

---

[5] Esenciální třes (ET) je nejčastější poruchou hybnosti. Je také označován jako benigní esenciální třes, familiární nebo hereditární tremor. Pacienti s ET trpí nekontrolovaným třesem rukou, hlavy, hlasu nebo jiných částí těla. Onemocnění obvykle začíná v dospělém věku a v průběhu života se zhoršuje. Třes je typicky nejvýraznější v situaci, kdy jsou ruce natažené nebo vykonávají jemnou činnost jako např. držení sklenice, lžíce nebo při psaní. Třes obvykle ustupuje, pokud jsou ruce kompletně relaxované (např. v klíně). Třes se často přechodně horší při stresu.

[6] Váš klient by měl informovat svého lékaře, že podstupuje hypnoterapii. Klientův lékař by se měl vyjádřit, zda je taková terapie pro klienta bezpečná z hlediska jeho zdravotní historie.

abnormality, které způsobují ten problém. Vydáme se na cestu hluboko do vašeho mozku, odkud jsou řízeny všechny vaše tělesné funkce.

Představte si, že se právě teď vydáváte dolů do centra vaší existence, jako když sestupujete po dlouhém schodišti... Dolů.

S každým schodem se dostáváte hlouběji a hlouběji do uvolněnějšího stavu... Pro tuto chvíli není nic důležitějšího než jen poslouchat můj hlas a řídit se mými pokyny.

Za malou chvíli začnu počítat od deseti do jedné a vy při každém čísle sestoupíte o schod níž... S každým schodem budete ještě hlouběji a hlouběji ve stavu fyzické i mentální relaxace.

Začínám počítat... 10 – dolů... 9 – hlouběji, dolů... 9, 8, 7, 6, 5, 4, 3, 2... 1 – nyní se nacházíte v dolní části tohoto schodiště... Můžete před sebou vidět velké dveře. Já budu za malou chvíli počítat od jedné do tří a až vyslovím číslo 3, vezmete za kliku a vstoupíte do místnosti.

1... 2... 3... Vstupte do místnosti.

Skript:

A teď, když jste vstoupil do místnosti, ráda bych, abyste se rozhlédl kolem sebe. Můžete zde vidět spousty vypínačů, knoflíků, drátů a kabelů, které jsou po celé místnosti. Vidíte i různé ventily, které při otočení uvolňují tlak z nějakého systému. Když procházíte touto místností, můžete si všimnout jednoho ventilu, na kterém je cedulka s nápisem STRES, tento ventil je úplně uvolněný, tak, jak jste nyní uvolněný vy během tohoto hypnotického sezení.

Všimněte si, že uprostřed místnosti je zajímavá socha, kterou okamžitě rozpoznáte jako dvojitou spirálu své vlastní DNA. S úžasem se vydáte k této spirále. Je to nejkrásnější věc, jakou jste kdy viděl. Svítí většinou modrým světlem, ale jsou na ní také menší zelená, červená a žlutá světla.

Víte, že je to vaše původní DNA zděděná po vašich rodičích... Od každého rodiče půl... Toto je šablona, ze které je vytvořen zbytek vaší DNA.

Mohu vám říci, že jedna z příčin vašeho třesu je považována za genetický problém. Váš problém může způsobovat špatný gen pouze od jednoho rodiče. To znamená, že na jednom ze dvou řetězců DNA bude buď chybět kus řetězce, anebo je tam špatný kus řetězce, který tam nepatří.

Teď chci, abyste prozkoumal ten velký kus DNA uprostřed místnosti a identifikoval váš problém. Sledujte ten problém... Budete instinktivně vědět, jak ho opravit, protože je to vaše DNA, je to vaše stopa života... Až naleznete problém, který narušuje vaše DNA, můžete mi dát signál tím, že zvednete ukazováček vaší pravé ruky...
/Pauza/

Teď, když jste našel problém, můžete své chybné DNA opravit. Za malou chvíli budu počítat od 1 do 3 a až vyslovím číslo 3, sáhnete si do své kapsy u kalhot, kde najdete správný řetězec DNA a tento kousek umístíte tam, kam by měl patřit. Je to jako dokončení skládačky. Opravíte si tak svůj řetězec DNA. Až ukončíte tento úkol, dejte mi opět znamení tím, že zvednete ukazováček vaší pravé ruky.

1, 2, 3... Sáhněte do kapsy... /Pauza/

Když už víte, že byly dokončeny závěrečné úpravy, cítíte úžasný pocit klidu a bezpečí. A teď, když jste dokončil úpravy na vašem DNA, můžete se rozhlédnout kolem sebe a zjistit, co jiného můžete udělat, abyste pomohl svému třesu. Nechám vám nyní čas, abyste mohl dokončit další úpravy, po dokončení úprav mi dejte opět znamení zvednutím ukazováčku vaší pravé ruky... /Pauza/

Dalším zdrojem třesu je váš thalamus – hrbol mezimozkový. Thalamus je struktura hluboko v mozku, která koordinuje a kontroluje svalovou aktivitu. Tato struktura je zodpovědná za koordinaci a kontrolu svalové aktivity a také přenáší bolest a další smyslové zprávy. Zprostředkovává převod informací. Ten je umístěn v rohu vaší kontrolní místnosti... Je to velký oblázek podobající se kusu šedé hmoty, z něho vedou dráty, které jsou jeho senzory.

Chtěla bych, abyste teď šel k thalamu a zkontroloval, zda jsou všechny okruhy správně zapojeny a žádný z vodičů není otřepený nebo poškozený... Jakékoli poškození uvidíte, můžete ho snadno opravit. Vy instinktivně přesně víte, co máte dělat... /Pauza/

Tak a nyní můžete vytáhnout z druhé kapsy malý přístroj, který položíte vedle thalamu, tento přístroj bude odteď vyzařovat vysokofrekvenční signály, aby správně stimulovaly thalamus, který pomůže zmírnit váš třes. Sledujte, jak se vše mění a funguje tak, jak má... /Pauza/

Odteď můžete toto zařízení, tento simulátor, kdykoliv zapnout a vypnout podle vaší potřeby.

Nyní budu opět počítat od 1 do 3 a až vyslovím číslo 3, zapnete simulátor a budete pozorovat všechny pozitivní změny, které nastanou.

1, 2, 3... Zapněte simulátor... /Pauza/

Odteď vždy, když budete v bdělém stavu cítit, že pro vás třes začíná být nepříjemný, nebo začnete cítit obavy, že vám bude při nějaké činnosti překážet a bude vás obtěžovat, můžete zavřít oči a vrátit se zpět do této kontrolní místnosti a zapnout funkční simulátor proti stresu. Stačí, když si v bdělém stavu jen opravdu na chvíli zavřete oči a vrátíte se do této místnosti. Vizuálně a ve vaší představě zapnete simulátor.

Další důležitou věcí, kterou můžete ještě udělat pro odstranění vašeho třesu, je dostatek odpočinku a trávení více času relaxací, dobré je také vyhnout se kofeinu a alkoholu, které mohou působit jako stimulanty.

Posthypnotická sugesce:

Stres může zhoršit vaše příznaky, a tak je důležité se mu vyhnout. Pokud někdy cítíte stresující situaci, chci, abyste si vzpomněl na toto sezení a rychle uvolnil ventil stresu, který jste viděl ve své kontrolní místnosti ve vašem mozku.

Stačí opět jen zavřít oči a vizuálně a ve vaší představě uvolnit ventil stresu.

Teď, když váš stres odešel, můžete žít svůj život s pocitem klidu a bezpečí. Odteď se bude prodlužovat doba klidu mezi jednotlivými třesy, třes bude slábnout a slábnout, budete cítit své ruce klidné a pevné, budete cítit sebedůvěru a pohodlí, doba klidu se bude prodlužovat minutu po minutě, hodinu po hodině, den za dnem, měsíc za měsícem... Až třes úplně zmizí... /Pauza/

Nyní můžete mít opět velké potěšení z obyčejných věcí v životě, jako je pití sklenky vody, konzumace jídla v restauraci a dalších aktivit, které vám v minulosti dělaly problémy. Nyní je zvládáte bez třesu.

Nyní jste od tohoto problému osvobozen, klidný a uvolněný a je to taková radost být tady, žít normální život... A tyto návrhy (sugesce) jsou pevně zakotveny ve vašem podvědomí a rostou ze dne na den.

Závěr:

A jak tak ležíte a odpočíváte, za chvíli se postupně, tak, jak vám to bude příjemné, budete vracet zpátky do bdělého stavu. Vše pozitivní zůstává a negativní odchází.

Všechny sugesce, které vám byly příjemné a můžete je využít kdykoliv v bdělém stavu, si vezměte s sebou. Sugesce, které jsou nepotřebné, necháváte odejít. Co má odejít... Odchází. Co má zůstat, ...zůstává.

Za malou chvíli budu počítat od 1 do 5 a až vyslovím číslo 5, budete opět v bdělém stavu. Budete cítit příval energie a báječné pocity budou proudit vaším tělem i myslí... 1... 2... 3... 4... 5.

HYPNÓZA NA HUBNUTÍ

Autor: Bc. Radka Hornek C.Ht.

Začněte s oblíbenou indukcí a prohloubením.

Zbavení se starého návyku dojídat

Od teď vás nikdo a nic nemůže nutit jíst tolik, abyste opět ukládala tuk. Všechny staré návyky, které vedly k ukládání tuku, už jsou pryč, teď. Byly pro vás obtížné a škodlivé. Když nebudete chtít jídlo dojíst, přestanete jíst.

Metafora: Odteď se zbavujete nadbytečných kil stejně, jako přetížená loď se musí zbavit přebytečného nákladu. Budete jíst pouze takové množství, které budete potřebovat.

Posílení motivace:

Teď si vizualizujte tu novou představu sebe samé, jak by měla vypadat, pozorujte ten důkladně změněný obraz sebe samé, vaši novou změnu myšlení, pozorujte tvar vaší postavy. Udělejte obraz barevný a všímejte si detailně, jak vaše ideální představa vypadá, poslouchejte, co si říkáte uvnitř své hlavy, a poslouchejte, co o vás říkají druzí, můžete cítit silný pocit uspokojení, sebedůvěry a štěstí, že jste to dokázala.

Zdravotní a posthypnotické sugesce:

Nyní také víte, že tuk zatěžuje vaše srdce a orgánový systém. Tuk vám způsobuje zdravotní problémy a zkracuje vám život. Váš vytvořený obraz sebe samé je vám velkou motivací na cestě k redukci váhy. Odteď si budete obraz sebe samé moci vybavit v bdělém stavu vždy, když budete na pochybách, nebo budete mít nutkavé pocity jíst něco nezdravého. Tento obraz vás bude vždy motivovat dosáhnout vašeho vytouženého cíle, vaší štíhlé ideální postavy a dokonalého zdraví.

Sugesce na upevnění přesvědčení, že změna je možná:

Vy víte, že chcete zhubnout, a víte, že můžete zhubnout. Můžete, že? Někteří lidé zhubli lehce. I vy můžete dříve nebo později zhubnout. Více a více cítíte potřebu jíst zdravě a jste rozhodnuta pro změnu, že ano? Učení se novým stravovacím návykům je snadné, změna je snadná. Pokud chcete být štíhlá a zdravá, potom budete štíhlá a zdravá. Pokud opravdu chcete zhubnout, pak to zvládnete. Zdravé jídlo vám chutná a máte příjemný pocit, když jíte zdravě. Jídlo je zdroj energie, energie je zdroj života, zdravé jídlo je zdroj energie. Nyní jste rozhodnuta zhubnout, že?

Nastavení zdravých stravovacích návyků a jejich upevnění:

V minulosti jste jedla víc, než vaše tělo potřebovalo, takže si tuto extra energii uložilo jako zásoby tuku. Nyní je váš cíl zhubnout a zbavit se nadbytečného tuku. Odteď budete jíst zdravě a energii, kterou budete potřebovat, abyste byla svěží a zvládala každodenní činnosti, bude vaše tělo přijímat ze zdravých potravin a také z vašeho uloženého tuku. Později, až budete mít svoji chtěnou ideální váhu, budete jíst jen takové množství, které je potřeba pro váš zdravý a spokojený život. Právě teď začínáte jíst zdravě a lépe než dosud. Budete jíst zdravě, aby se přestal ukládat tuk do vašeho těla. Zdravé jídlo a menší množství jídla způsobí, že nadbytečné zásoby vnitřního tuku se budou spalovat a vy budete hubnout. Budete jíst mnohem zdravěji, než jste jedla v minulosti, bude to vyvážená zdravá strava, která vás uspokojí a nasytí. Vaše zásoby tuku se mění na energii. Mezi hlavními jídly nebudete mít potřebu nic jíst ani nic ochutnávat. Budete jíst jen jídlo, které máte naplánované, a mimo tento čas nic jíst nebudete. Jíte pomalu a malé porce. Každým dnem se touha po uspokojování jídlem zmenšuje, je slabší a slabší, až zmizí úplně. Jídlo je pro vás zdroj energie pro život a uspokojení vám přináší pohyb.

Nastavení potřeb pohybu a uspokojení z něho:

Odteď jste motivovaná k přirozenému pohybu. Procházky a veškerá chůze vám dělají dobře a přinášejí vám uspokojivý pocit. Uklidňují vás a motivují ke zdravému životnímu stylu. Od této chvíle budete jíst zdravě, více se pohybovat a budete stále více a více aktivní, protože se cítíte lépe, než jste se kdy cítila. Jíte zdravě, více se hýbete. Pohyb vás uspokojuje a dělá vám velmi dobře, pijete také dostatečné množství zdravých a tělu prospěšných tekutin, hlavně čisté vody. Pohyb je důležitý, cítíte potřebu hýbat se každý den, chůze je přirozený pohyb. Vaše tělo se tak stává lehčí, pohyb je příjemný.

Posílení hypnotickými sugescemi, že změna bude přirozená, pozvolná a trvalá:

Už jíte zdravě a tento stravovací režim zdravého jídla si udržíte, protože při tomto režimu ubýváte na váze snadno a zdravě. A budete ubývat tak dlouho, až dosáhnete své chtěné váhy, a tuto váhu si pak udržíte. Odteď vám chutná zdravé jídlo a nezdravé jídlo chutná prázdně a neuspokojuje vás. Sladkosti, zákusky, čokoláda vám přestávají chutnat. Každý den chuť na sladké slábne a mizí více a více, až úplně zmizí. Odteď jste motivována k pravidelnému a přirozenému pohybu. Procházky a veškerá chůze vám dělají dobře a přinášejí vám uspokojivý pocit. Uklidňují vás a motivují ke zdravému životnímu stylu. Ztráta hmotnosti přichází přirozeně. Tuk, který chcete ještě odstranit, obsahuje velké množství energie. A vy každý den spalujete a ztrácíte malou váhu. Nezáleží na tom, jak dlouho bude trvat, než získáte štíhlou postavu, neboť se tam jistě dostanete a trvale tam zůstanete. A vy víte, že to funguje, že už jste se zbavila velkého množství nadbytečného tuku. Ve volném čase můžete dělat věci, které vás uspokojují, a není potřeba se uspokojovat jídlem. Uspokojení z jídla způsobuje závislost, proto jste se rozhodla pro tuto změnu. Důležité je, abyste své návyky změnila navždy.

Posílení důvěry, že změna se děje, že to funguje:

Metafora: A ten motýl, kterým se stáváte, vylétl z kukly a cítí se velmi svobodně a sebevědomě, každým dnem více a více, protože ví, že to funguje, a věří si, je šťastný v nové formě života. Můžete si opět vizualizovat svoji chtěnou vytouženou postavu. Váš pozitivně motivační cíl, toho, jak budete vypadat. Můžete pozorovat ten obraz sebe samé, vaši novou změnu myšlení, pozorujte tvar vaší postavy, všímejte si toho, jak vypadáte, udělejte ten obraz ještě barevnější. Je to úžasný pocit, protože vy už víte, že jste udělala kroky k tomu, abyste dosáhla svého vytouženého cíle, a že už se blížíte. Celý ten proces je příjemná cesta k vytouženému cíli, která funguje. A vy to víte, že to funguje. Můžete se zaposlouchat do toho, co si říkáte uvnitř své hlavy, a poslouchejte, co o vás říkají druzí. Můžete cítit silný pocit uspokojení, sebedůvěry a štěstí, že jste to dokázala.

Relaxujte a ponechte klesnout do nejhlubší části vaší mysli obraz sebe samé, vidíte ten obraz svého štíhlého těla, cítíte, jak se vám volně dýchá a vaše tělo je velmi pohyblivé. Slyšíte pochvalné hlasy od lidí a přátel, můžete cítit vůni vašeho oblíbeného parfému. Vaše chůze je lehká, jako byste se nadnášela. Vaše tělo odlehčené o nadbytečná kila se pohybuje s lehkostí. Můžete cítit úsměv na tváři, je to šťastný úsměv. Pocit hrdosti a sebedůvěry vám je nyní vlastní a dodává vám novou energii do života, do zdravého životního stylu. Je to vaše nová filozofie života. Zdraví je to nejdůležitější pro váš nový život a redukce hmotnosti, kterou jste dokázala učinit, byla ku prospěchu vašeho zdravého života. Opatrujte a chraňte své tělo. Jíst je umění. Učíte se využívat způsobů, které vám umožní větší potěšení a více radosti z jídla, než tomu bylo dosud. Jíte pomalu a vnímáte barvu a chuť pokrmů, které jsou pro vás vhodné a zdravé. Do úst si vkládáte malá sousta a ty plně a pomalu vychutnáváte. Vaše strachy a obavy související s jídlem mizí a vy získáváte stále větší důvěru, že dosáhnete svého cíle.

Posílení důvěry v hypnózu:

Hypnóza může ovlivnit vaši podvědomou mysl tak, aby změnila kontrolu jak vaší chuti k jídlu, tak ukládání jídla ve formě tuku. Teď, pod vlivem hypnózy, můžete změnit chemii svého těla, aby tělo mohlo odstranit tyto velké zásoby tuku a zabránit opakování jakéhokoli nového a nepotřebného skladování tuku. Vaše podvědomí se učí, učí se nové věci, jako jste se učila kdysi psát a číst, nebo jezdit na kole. Také to bylo pro vás ze začátku složité, ale zvládla jste to hravě.

Poté, co se změní chemické procesy ve vašem těle, změní se i fungování celého vašeho těla a vy pocítíte silný pocit blaha.

Nyní se uvolněte a nechte všechny tyto návrhy úplně a důsledně vstřebat vaší myslí, tělem a duchem, protože vaše podvědomí opravuje chemii vašeho těla.

Posílení sebedůvěry a posthypnotická sugesce:

Můžete cítit hrdost a novou motivaci a odvahu začít hojivý proces, který neskončí s tímto sezením, ale pokračuje na vaší cestě hubnutí v bdělém stavu.

HYPNÓZA NA ODSTRANĚNÍ NEPŘÍJEMNÉ MYŠLENKY

Autor: Bc. Radka Hornek C.Ht.

Začněte s oblíbenou indukcí a prohloubením.

Nyní si můžete představit místo, které Vám přináší pocit klidu, pohody, bezpečí a relaxace. Představte si před sebou písečnou pláž, klidné moře a modré nebe. Můžete slyšet jen šum moře, hlasy racků a cítit, jak jemně fouká teplý větřík a slunce se dotýká svými paprsky Vaší kůže. Je Vám to příjemné a uklidňuje Vás to.

Představte si, jak ležíte na lehátku a Vaše záda jsou zvednuta do polohy tak, abyste mohli vidět hladinu moře a širý oceán před sebou. Jste na tomto místě sami.

Můžete cítit, jak pozvolna proudí příjemný proud sluneční vesmírné energie do Vašeho těla a Vaším tělem prostupuje lehkost. Působí ozdravně na každou buňku

Vašeho těla. Každý sval, každá tkáň, každá buňka Vašeho těla se při dotyku slunečních paprsků uzdravuje a čerpá tak novou svěží energii, kterou budete v bdělém stavu cítit a bude Vám ku prospěchu fyzickému i mentálnímu.

Soustřeďte se jen na svůj dech, vnímejte své fyzické tělo a vnímejte své vnitřní pocity... /Pauza./

Když tak ležíte a odpočíváte v hlubokém hypnotickém spánku, můžete cítit, že všechny Vaše starosti a nepotřebné myšlenky odchází z Vaší mysli a mizí jako dým, který stoupá k nebi a postupně se rozplývá a rozplývá, až zcela mizí... /Pauza./

Nyní si můžete ve své mysli vybavit tu myšlenku, která Vám způsobuje problém, tu, která se Vám honí hlavou. Představte si, jak tuto myšlenku ve své mysli necháváte vystoupit z Vaší hlavy v podobě malého šedého dešťového obláčku přímo před sebe. Dám Vám chvíli času, abyste to mohli uskutečnit... /Pauza./

Tak a nyní, když máte ten malý šedý dešťový obláček před sebou, můžete pomalu zvednout pravou ruku a jemně se ho dotknout, jemně ho od sebe odstrčit. Sledujte, jak tento malý šedý dešťový obláček putuje nad hladinou moře na blankytně modré obloze, která je před Vámi.

Až budete chtít, zvedněte ukazováček pravé ruky a obláček se zastaví. Dáte mi tím znamení... /Pauza./

Tak a nyní můžete vidět, jak se obláček zmenšuje a jak z něho padají kapky vody do moře, kde se míchají se slanou vodou a mizí v širém oceánu. A Vy víte, že tímto zmizela i ta nepříjemná myšlenka ve Vaší hlavě. Odteď již každou takovou můžete nechat v podobě malého šedého dešťového obláčku vystoupit z Vaší mysli a nechat rozpustit ve slané vodě oceánu.

Nyní se cítíte velice příjemně a uvolněně. Když tak příjemně odpočíváte, můžete zaměřit svoji pozornost na dlaň své pravé ruky. Můžete cítit, jak se Vaše prsty dotýkají podložky křesla, soustřeďte se na svoji dlaň. Nyní začínáte cítit, jak Vaše dlaň je stále lehčí a lehčí a můžete cítit, jak se zvedá a zvedá, jako by se chystala zamávat loďce, kterou jste zahlédl na širém moři. Ruka je lehčí a lehčí a Vy víte, že odteď budete stejně lehce zvládat všechny problémy, které mohou přijít. Se stejnou lehkostí, jako teď cítíte ve své ruce. Můžete si opět položit svoji ruku na křeslo.

Ukončení relaxační hypnózy:

A jak tak ležíte a odpočíváte, za chvíli se postupně, tak, jak Vám to bude příjemné, budete vracet zpátky do bdělého stavu.

Všechny sugesce, které Vám byly příjemné a můžete je využít kdykoliv v bdělém stavu, si vezmete s sebou a sugesce, které jsou nepotřebné, nechte odejít. Co má odejít... Odchází... Co má zůstat... Zůstává.

Za malou chvíli budu počítat od 1 do 5 a až vyslovím číslo 5, budete opět v bdělém stavu. Budete cítit příval energie a báječné pocity budou proudit Vaším tělem i myslí.

1. Pomalu a postupně cítíte, jak vcházíte do plného vědomí.
2. Stále se cítíte uvolněně a klidně a báječný pocit nové energie proudí Vaší myslí a tělem.
3. Vaše oči začínají vnímat, jako by se rozjasňovalo.
4. Cítíte, jak se energie vrací do Vašeho těla a Vaše svaly začínají opět fungovat. Až vyslovím číslo 5, budete zpět v bdělém stavu, budete moci otevřít oči, budete se cítit skvěle, budete plní energie, šťastní a spokojení ve všech směrech. Otevřete oči a budete úplně vzhůru.
5. Můžete otevřít oči, jste úplně vzhůru, cítíte se skvěle.

HYPNÓZA A ODVYKÁNÍ ALKOHOLU[7]

Autor: Jakub Tenčl, PhD MHS Accred

[Začněte oblíbenou indukcí a prohloubením.] Nyní jste hluboce relaxovaní a Vaše podvědomí je otevřené přijímat sugesce a podle nich jednat – zejména ty, které jsou dobré pro Vaše zdraví a pohodu.

Vím, že jste znepokojeni tím, jaký účinek na Vás má alkohol, a jsem si jistý, že jste si již vědomi nebezpečí pití tohoto jedu – protože to je přesně to, co alkohol je. Otravuje Vaši krev, otravuje játra a mnoho dalších vnitřních orgánů, je příčinou stárnutí kůže a zhoršuje Vaše kognitivní procesy.

---

[7] Tento skript je formou averzní terapie. Averzní terapie je forma psychologické léčby, při které je klient vystaven podnětu a současně je vystaven nějaké formě nepohodlí. Účelem tohoto podmiňování je přimět klienta, aby spojil podnět s nepříjemnými pocity se záměrem potlačit cílené (někdy nutkavé) chování. Vhodnost použití této formy terapie je třeba konzultovat s psychiatrem nebo psychoterapeutem.

V dnešní společnosti je alkohol jednou z hlavních příčin smrti.

Cirhóza jater, rakovina a další nemoci souvisí s pitím příliš velkého množství alkoholu.

Kvůli nadměrnému užívání alkoholu zemřela většina lidí při autonehodách a dalších nehodách.

Nyní jste si vědomi nebezpečí pití alkoholu. Rozhodli jste se sami sebe přijímat a milovat, proto jste připraveni přestat pít alkohol jednou provždy.

Jste připraveni začít ve svém životě nové dobrodružství – dobrodružství, které Vaše mysl a Vaše tělo přivítá a bude si jej užívat.

V minulosti se Vám líbilo vypít jednu nebo dvě nebo více skleniček, protože to bylo společenské, nebo proto, že jste se pokoušeli zapomenout na některé nepříjemné pocity, které jste zažívali, nebo proto, že se pití stalo nechtěným návykem.

Nicméně jakmile jste překročili svůj limit, nemělo to žádnou výhodu. Buď jste ze sebe udělali blázna, nebo jste se cítili hůře než předtím, než jste začali pít. Jdete do postele s přísahou, že už nikdy nebudete pít, a to jen když jste byli natolik střízliví, abyste mohli myslet.

A když se probudíte, vzpomenete si na ty pocity, které jste měli – červené oči, bledou kůži a strašný pocit, že se na této planetě vůbec nedaří.

[Krátká pauza]

Všechny tyto nepříjemné pocity brzy skončí – ne proto, že to říkám, nikoliv kouzlem nebo zázraky, ale proto, že jste se rozhodli. Ano, rozhodli jste se a Vy, Vy sami, jste zodpovědní za svůj život.

Vaše budoucnost na Vás čeká – spoustu nových zážitků, které si můžete užít. Abyste to mohli udělat, uvědomujete si, že potřebujete mít jasnou mysl, která dokáže pochopit, ocenit a využít to nejlepší ve Vašem životním dobrodružství.

Ale než začnete využívat to nejlepší ve Vašem životě, podívejme se na to, co by se mohlo stát, pokud byste nadále užívali alkohol.

Představte si, že uběhlo 15 let a Vy stále pijete alkohol. Již nějakou dobu se cítíte slabí, unavení a neschopní jíst kvůli nepříjemnému pocitu v žaludku.

Objevily se také další příznaky, jako je časté krvácení z nosu, podkožní cévy pavoukovitého tvaru, zežloutlé oči a nepříjemné svědění.

Bylo Vám doporučeno navštívit specialistu, který provedl řadu testů, a teď sedíte v čekárně připraveni si vyslechnout diagnózu.

Sestra Vás volá do ordinace. Jakmile vstoupíte, vidíte na tváři specialisty, že to, co se Vám chystá říci, není dobrá zpráva. Jste vyzváni, abyste si sedli. A teď posloucháte specialistu, který Vám čte záznamy. Náhle přichází zpráva, které jste se obávali.

„Obávám se, že máte cirhózu jater." Jste otřeseni. Již víte, co to způsobilo, a není nikdo jiný, koho byste z toho mohl obviňovat než sebe. „Kdybych jenom přestal pít alkohol dříve," říkáte si, „tohle by se mi nestalo."

A teď musíte jít domů a říci špatnou zprávu svým blízkým. Mnoho otázek se Vám teď honí hlavou. Kolik času mi zbývá? Jak špatné budou symptomy? Jak se moje rodina bude cítit? Jak to zvládnou, když odejdu?

Cítíte se na smrt ještě příliš mladí, mohli jste mít tak nádhernou budoucnost, pokud byste před lety přestali pít alkohol.

Ale počkejte, toto všechno se ještě nestalo a taky se to nestane, protože to nedovolíte.

Takže – ponořte se hlouběji – a nechte svou podvědomou mysl, aby přijala, vstřebala a jednala podle sugescí, které uslyšíte.

Je to Váš čas a Vy jste se rozhodli ukončit jednou provždy svůj zvyk pití alkoholu.

Teď chci, abyste mysleli na nejnechutnější tekutinu, kterou si dokážete představit.

Může to být něco, co jste ještě nikdy předtím neochutnali, jako je moč, benzín nebo voda z kanalizace.

Nebo je-li něco, co jste ochutnali a obzvláště to nenávidíte, můžete si představit to.

Na malou chvíli se odmlčím, zatímco Vaše podvědomí vybere to, o co jsem Vás požádal.

[Krátká pauza]

Dobře. Teď bych rád, kdybyste využili všechny své smysly. Představte si odporný zápach této nechutné tekutiny, představte si, že se dostává až k Vašemu nosu a že se Vám začne zvedat žaludek.

Všimněte si její barvy, nebo naopak její bezbarevnosti, pokuste se to vnímat tak silně, jak je to jen možné.

Představte si tu tekutinu ve sklenici nebo láhvi, ve Vaší ruce, připravenou dotknout se Vašich úst – samozřejmě víte, že se to nestane, protože to nedovolíte.

Neexistuje žádný způsob, jak byste mohli vypít tu škodlivou tekutinu, nikdy se nemůže dostat k Vašim rtům.

V této fázi je vše, co musíte udělat, představit si tu tekutinu ve sklenici nebo v láhvi, kterou držíte.

Nyní nazvěte ten pocit, že držíte sklenici nebo láhev, ve které je škodlivá tekutina. Mohl by to být název jakékoliv tekutiny, kterou nejvíce nenávidíte, nebo byste ji jednoduše mohli nazvat jako jed.

Na chvíli se odmlčím, abyste se mohli rozhodnout pro vhodný název – jakmile znova uslyšíte můj hlas, budete ještě více uvolněni a Vaše mysl bude mnohem aktivnější a schopnější si skutečně představit dané vizuální podněty.

[Krátká pauza]

Nyní opakujte zvolený název ve své mysli – několikrát – opakujte to znovu a znovu a znovu.

Váš zvolený název je klíčové slovo pro post-hypnotickou podmíněnou reakci. Kdykoli pomyslíte na toto slovo ve Vaší mysli, obraz sklenice, zápach a odpor k tomu, co držíte, budou silnější a silnější. Vlastně to bude tak neuvěřitelně silné, že budete s naprostou jistotou vědět, že není možné, aby se sklenice, kterou držíte, dostala k Vašim ústům.

Nyní bych rád, abyste mysleli na alkoholický nápoj, který jste nejraději pili.

Pokud to je víno, můžete si představit jemně chladnou láhev, zatímco víno naléváte do sklenice. Mohlo by to být bílé víno, které se změní v pěnu ve Vašem žaludku, nebo červené víno, které změní barvu Vašich rtů a zubů, nebo růžové víno, které má podobný účinek jako bílé víno.

Nebo jste možná pili pivo, burčák nebo ležák, možná přímo z láhve, nebo ze sklenice.

Opravdu nezáleží na tom, který z těchto alkoholických nápojů jste si užívali, abyste znecitlivěli mozek a Vaše smysly.

Vše, na čem teď záleží, je to, že Vaše touha přestat pít alkohol je silnější a silnější s každou sekundou a minutou.

Již znáte škody, které alkohol může způsobit, a proto jste odhodlaní ho přestat pít.

Jakmile si uvědomíte, že držíte láhev nebo sklenici toho, co jste si zvykli pít, zopakujte Vaše klíčové slovo pro posthypnotickou podmíněnou reakci ve své mysli.

Řekněte to jednou, dvakrát, třikrát ve své mysli. Zatímco na to slovo myslíte, okamžitě ucítíte odpor.

Víte, že v žádném případě není možné, aby se sklenice dotkla Vašich rtů. Nemůže se dostat ani do blízkosti Vašich rtů, protože zápach je tak nepříjemný, a protože se Vám zvedá žaludek, což by mohlo způsobit okamžité zvracení.

Takže sklenici položíte a v tu chvíli okamžitě zmizí všechny nepříjemné pocity, které jsou nahrazeny pocity hrdosti. Jste hrdí, že jste překonali svůj starý zvyk pití alkoholu.

Jste hrdí, když říkáte NE, kdykoliv jste v situaci, v níž se objevuje alkohol. Od tohoto okamžiku nemáte touhu pít víno, pivo nebo jakýkoli jiný alkoholický nápoj.

Milujete pocit, že máte nad sebou kontrolu, a opravdu nezáleží na tom, zda ostatní kolem Vás pijí. Se svou myslí a se svým tělem mohou dělat, co se jim zlíbí, ale Vy nemáte žádnou touhu si ukládat stejný trest.

Dokonce i zápach alkoholu způsobuje, že se cítíte špatně, neboť s ním je teď spojena jedovatá tekutina, kterou Vaše mysl a tělo odmítá.

Toto spojení je silnější každou hodinu, každý den, každý týden od tohoto okamžiku.

Tyto sugesce jsou nyní pevně zakotveny ve Vaší podvědomé mysli a každým dnem jsou silnější a silnější.

Jsou silnější každou hodinu, jsou silnější každou minutu.

Za chvilku budu počítat od jedné do pěti, u čísla pět budete bdělí a svěží a připraveni, aby tyto sugesce pracovaly pro Vás.

Jeden, dva, tři – pomalu přicházíte k sobě. Čtyři – oční víčka se začínají pomalu otevírat. A pět – Vaše oči jsou otevřené, mysl a tělo se navrací k normálu.

HYPNÓZA A PŘEKONÁNÍ STRACHU Z NAKAŽENÍ VIREM

Autor: Jakub Tenčl, PhD MHS Accred

[Začněte oblíbenou indukcí a prohloubením.] Nyní přecházíte do hluboké relaxace – vnímáte nádherný pocit klidu hluboko ve Vás – a tento klid se šíří Vaším tělem a myslí – protože od této chvíle je Vaše podvědomá mysl otevřená a připravená přijmout sugesce, které uslyší. A jakmile se vrátíte zpět do bdělého vědomí, tyto sugesce budou hluboko zakořeněny ve Vašem podvědomí a poté se projeví při nejbližší příležitosti na Vašem chování.

Vaše podvědomá mysl je v tomto příjemném stavu vnímavá k novému způsobu myšlení a cítění.

Protože po nějakou dobu jste se příliš obávali virů – možná jste se vyhýbali situacím, ve kterých byste s nimi mohli přijít do kontaktu – a to se stalo součástí Vašeho každodenního života. Dnes budeme pracovat na odstranění všech neopodstatněných obav a vytvoříme skutečný pohled na rizika spojená s viry.

Víte, že existují viry, které mohou způsobit infekci – částečnou příčinou tohoto povědomí jsou média, ve kterých se objevují příběhy o koronaviru, který se šíří po celém světě, nebo filmy o virech, které zabijí téměř celou lidskou populaci.

Byli jsme naprogramováni, abychom se příliš obávali viru, ale skutečnost je taková, že pokud budeme obezřetní a dodržovat nezbytná opatření, můžeme výrazně snížit riziko nákazy a žít zdravý a šťastný život.

Většina lidí během svého života přijde do styku s mnoha viry, a přesto se vyléčí. Věděli jste, že při onemocnění chřipky může každá infikovaná buňka vyprodukovat až 10 000 nových virů, takže celkový počet chřipkových virů může dosáhnout až 100 trilionů během několika dnů? Pokud byste dali jeden virus na druhý, vytvořili byste věž, která by se táhla za měsíc, za slunce, za souhvězdí Alfa

Centauri, za okraj Mléčné dráhy, za sousední galaxie, až by dosáhla vzdálenosti 200 milionů světelných let. Přesto Váš imunitní systém je dostatečně silný, aby pomohl tělu se vyléčit.

Jedním z nejúčinnějších prostředků v boji proti novým virům je vakcína, která obsahuje částice viru nebo bakterie, které ztratily schopnost reprodukce a které vedou adaptivní imunitu k tomu, aby vyprodukovala protilátky, které zajistí, že se už nikdy nebudete moct znova nakazit.

Nikdy totiž nemůžete chytit stejný typ viru dvakrát díky paměťovým B lymfocytům. Jakmile se jednou vyléčíte, stáváte se imunní vůči dalším útokům téhož viru. Váš imunitní systém se o Vás neustále stará.

Věděli jste, že virus, který způsobuje opary, zůstává v těle celý život a že jakmile se necítíte dobře, může najít příležitost se na chvíli ukázat? To je důvod, proč je moudré se vyhýbat kontaktu s oparem někoho jiného, zejména pokud jste nikdy žádný neměli. Není třeba se obávat – je to běžné – je dostupných mnoho krémů, které mohou pomoci vyléčit opar v první chvíli, kdy jej zaznamenáte.

Naše těla odvádí vynikající práci v ochraně sebe sama. Kromě toho, že produkují protilátky proti určitým typům virů, se také snaží zabránit jejich vstupu. To je účel hlenu a očních řas – zachycují jakékoliv alergeny dříve, než se dostanou do Vašeho těla.

Naše těla také pracují v souladu s mnoha dobrými bakteriemi, které žijí v žaludcích a na kůži. Jsou pro nás neškodné – snaží se zabírat veškerý dostupný prostor, takže jakmile přijde virus, nemůže nikde najít místo k životu.

Možná zjistíte, že jste byli v kontaktu s někým, kdo je nemocný, a přesto jste jeho nemoc nechytili – je to proto, že Vaše tělo těžce pracovalo, aby tomu zabránilo.

Je zbytečné mít strach z toho, že můžete virus chytit. Vaše tělo je v souladu s Vaší myslí – Vaše myšlenky podporují způsob, jak tělo reaguje. To, co teď můžete udělat, je zajistit dodržování potřebných opatření k tomu, aby Vaše tělo bylo v nejlepším stavu.

Zajistěte, abyste dobře jedli, pili hodně vody a měli dostatek spánku a cvičení.

Strach z toho, že se můžete nakazit, Vás plně zaměstnává – nebudete mít čas na důležitější věci v životě, které Vás udržují šťastnými a zdravými – jsou to věci, které jsou nejdůležitější ze všech – pro Vás.

Teď chci, abyste se zbavili veškerého strachu z nakažení virem – uvědomíte si, jak je zbytečný.

Představte si, že všechny myšlenky, které jsou plné strachu, jsou rozptýleny po celém domě nebo bytě, kde jste, a Vy můžete chodit a zvedat je. A jak to děláte, díváte se na ně, jako by od Vás byly vzdálené 100 kilometrů – jedna po druhé – přestávají být Vaší součástí. Začínáte si uvědomovat, jak se postupně od strachu osvobozujete. Je to pocit úlevy a lehkosti, který roste s každým nádechem a výdechem, ve kterém si přirozeně přejete být. Uvnitř cítíte úlevu, klid a mír.

Poté, co jste si prohlédli všechny myšlenky, a zjistili jste, jak úžasné je cítit klid a mír uvnitř, naprostou úlevu, chcete se těch myšlenek naplněných strachem opravdu zbavit, takže je všechny dáte do pytle se smetím.

Jakmile to uděláte, uzavřete pytel a dáte ho před dveře, aby ho popeláři mohli vzít a navždy jej od Vás odvést.

Nyní, když Vaše myšlenky naplněné strachem byly vyhozeny, už se neobáváte nakažení virem, nicméně stále používáte zdravý rozum – například, že si často myjete ruce nejméně 20 sekund a nedotýkáte se ani úst ani očí a tak dále – uděláte to. Kromě toho se s naprostou úlevou a klidem věnujete každodenním činnostem. Cítíte se dobře, hrdí na to, že jste překonali svůj strach – cítíte se pod kontrolou své mysli, těla a svého zdraví.

Tyto sugesce jsou pevně zakotveny ve Vašem podvědomí a s každým dnem se stávají silnější – silnější každou hodinu – silnější každou minutu.

Za chvíli budu počítat od jedné do pěti a u čísla pět budete vzhůru. Po celém těle budete mít příjemné pocity míru a klidu.

A tyto příjemné pocity míru a klidu zůstanou s vámi.

Jedna, dva, tři, čtyři, pět.

HYPNÓZA PRO UVOLNĚNÍ

Autor: Petr Pomajbík

[Začněte oblíbenou indukcí a prohloubením.] V tuto chvíli se chystáte vstoupit do harmonického hypnotického soustředění... Nyní je důležité vaše vědomé rozhodnutí zcela se ponořit do vlastního nitra. Vše se nyní začne odehrávat ve vašem podvědomí.

Protože stejně jako váš nádech střídá výdech, chcete aktivovat niterné síly, a tak rozumíte tomu, že stejně jako cévy jsou napojeny na vaše srdce, mozek a další orgány, je důležité nyní napojit vědomí na Nitro.

Naprosto zbytečné komplikace vznikají právě v důsledku oddělení se od hlubokých niterných zdrojů podvědomí.

Pouze kontaktem s hlubokým a moudrým nitrem zajistíte optimální fungování, vyrovnanost. Tam někde v hloubi nitra je důležité vytvořit správný začátek. Pak to bude lehčí, snadnější, zcela automatické.

Jen tak se můžete zamyslet a, já nevím, jestli nyní, nebo za malou chvíli, která nastane až za pár vteřin. Zamyslet se nad různými věcmi či myšlenkami z různých úrovní, dálí či hloubek.

Není podstatné jak nebo kdy, ale někdy se jen tak zakoukáte, znáte to, čas jakoby v tu chvíli se zpomalil, hluboké vnímání tam někde uvnitř vás, hluboko uvnitř pod povrchem s niterným nadhledem, můžete pozorovat někde v bezpečí v dáli v přírodě, na hezkém místě, na opravdu krásném místě, možná ještě můžete zaslechnout vzdálené ruchy města, zvuky z ulice, možná si uvědomíte s každým vzdáleným zvukem příjemné oddělení se od okolí...

Ve svém krásném místě si nyní můžete představit nádherný den, slunce vysoko na obloze, krásná obloha. Dokonce nyní můžete bez jakýchkoliv potíží pozorovat to krásné slunce.

Slunce, mocná energie života, slunce, které svou mocnou silou prostupuje vesmír, nekonečné paprsky světla cestující do niterných hloubek vesmíru, světelná energie... Zářící, očišťující, putující až k vám, skoro jakoby prostupující do vašeho nitra.

S naprostou láskou naplňující, uvolnění teď, stejně jako nádech následuje výdech, stejně jako s nádechem se plní plíce novým čerstvým vzduchem, nyní přijímáte více slunečních paprsků prostupujících celé nitro, harmonizujících celé tělo. S výdechem odchází vydýchané, nepotřebné.

Zbavujete se nepotřebného, vypotřebovaného, nechtěného, nedůležitého... Teď... Odteď s každou další vteřinou, vnitřní síla vzrůstající, mocnější... Nitro čisté, odhodlání ke změnám nastávající teď... Přímé cesty spojující, nitro moudré, rozhodné, v pravou chvíli, včas, mocnější zevnitř ven prostupující, teď mezi spánky stávající se s vnitřní láskou mocnější.

S každým novým ránem odhodlanější... Den za dnem, týden za týdnem, měsíc za měsícem, rok za rokem... Tak je to dobře, tak je to správně... Za každý i drobný úspěch s úsměvem odměňující se... Tak je to správně...

HYPNÓZA NA DLOUHODOBÉ POTÍŽE

Autor: Petr Pomajbík

[Začněte oblíbenou indukcí a prohloubením.] Můžete se nechat doslova unášet do příjemného hlubokého stavu uvolnění... Stále hlouběji do vašeho moudrého bezpečného nitra.

Nevím, kam směřuje vaše mysl nyní, zda bloudí, nebo k ní bloudí myšlenky z různých úrovní, či dálek. Není důležité, kde se vaše mysl nachází, jaké myšlenky právě teď zaměstnávají vědomí, představy.

Někteří lidé se potulují v představách někde mezi ulicemi, městy, na okrajích měst nebo někde v přírodě, mezi údolími, lesy, nádhernými představami, uvolnění. Někde mezi různými nádhernými světy spatřující nové, nádherné, uvolňující.

Tak je to dobře... A já nevím, ale možná jako byste tím objevováním za malou chvíli, nyní, možná hluboko uvnitř nitra objevili nádherné, bezpečné, doslova až magické místo.

Toto magické místo je jen vaše, nikdo jiný k němu nemá přístup, je jen vaše.

Nádherná nebeská modrá obloha. Naprosto magická modrá, nádherné mraky plující po obloze, tak klidně... Člověk se může jen tak zadívat a pozorovat tu nádhernou oblohu, klid prostupující celým vaším vnímajícím tělem... Tak je to dobře.

Ve vašem magickém místě můžete pozorovat trávu a já nevím, možná si s ní pohrává jemný větřík, s každým stéblem... Uvolnění se prohlubuje, s každým dalším pohybem přichází hlubší uvolnění... Nádherné květiny, žádná stejná, ano, liší se od ostatních tak, jako by každá měla svůj vlastní příběh.

Nyní skoro jako světla duhy vznášející se možná jak v nádherné mlze směrem k vám, blíž, skrze mysl formující představy ve formě obrazů... Nyní je možná všechny nevidíte zcela ostře, nevnímáte jejich obsahy, tak je to v pořádku... Nemusíte se nyní snažit... Jen je můžete nechat volně prostupovat vaší myslí, skrze vědomí hlouběji... Tak je to dobře.

Můžete mysl nechat volně plout s obrazy... Do jakýchkoliv dálí, směrů či hloubek... Možná některé zvuky z okolí, tóny hudby jdoucí jeden za druhým... S každým dalším zvukem, tónem si uvědomíte oddělení od okolí...

Nebo se nyní můžete přenést a, já nevím, možná světelným tunelem putujete skrze vesmír, možná vnímáte nádhernou duhově zbarvenou mlhu...

Přenášíte se teď do svého bezpečného, niterného, magického místa. Teď.

Nyní, v tuto chvíli, jste na svém magickém místě, tady a teď, vaše magické místo... Uvolnění, klid, moudrost, z nitra jdoucí...

Poznáváte ta nádherná oblaka na překrásně magicky modré obloze, trávu, květiny... Možná jste si všimli vašich myšlenek, některých nepodstatných, nedůležitých, můžete je nechat jít... Jste na svém místě, zde, nyní, na ničem nepodstatném nezáleží. Tak je to dobře.
Protože tam kousek hlouběji... Dál... Je krásný potůček, objevili jste naprosto idylický potůček, který po svém toku nádhernou přírodou teče k malému vodopádu... Pod vodopádem je překrásné magické jezírko obklopené příjemným hlubokým klidem.

Můžete si všimnout vody v jezírku, jak je nádherně průzračná, lákavě osvěžující na první pohled, krásná... Léčivá...

Stejně tak jako lidské tělo je tvořeno nejdůležitější součástí – vodou – více než z 50 %.

Cítíte, jako by vás osvěžující, klidná voda k sobě s čistou láskou lákala... V mysli vnímáte její příjemnou teplotu, bezpečí.

Možná vás v tuto chvíli napadne: Jaké by to bylo se v ní vykoupat? Osvěžující, léčivá voda... Voda, součást lidského těla.

Pouze vy sami, u svého magického jezírka. Naprosté hluboké uvolnění... Vaše čistá niterná představa bloudí ve vaší mysli... Automaticky ze sebe odstraňujete veškeré oděvy... Svoboda... Naprosté uvolnění, těšíte se, jak se ponoříte do vašeho magického jezírka.

Tak je to dobře. Přistoupíte k okraji jezírka, pomalu vstoupíte a cítíte nádhernou harmonizaci prostupující od prstů na nohou po kotníky, dál... Uvolnění, hluboké... Další krok... Možná si můžete lehnout jako ve vaně, nechat se omývat příjemnou léčivou vodou... Celé tělo, tam, kde nejste ponoření, můžete rukama nabrat vodu a opláchnout se, procítit energii vody... Harmonizující každý milimetr vašeho těla. Harmonizace, prostupující každou buňkou.

Tělo a mysl je v příjemném uvolnění jako nikdy předtím. Užíváte si tohoto příjemného stavu, uvolnění a regenerace. Tak je to dobře.

Uklidňující voda, do hloubky regenerující... Hm... Úžasné na tomto léčivém jezírku a jeho vodě je to, že jeho moc můžete nasměrovat do jakéhokoliv místa na těle, kam je třeba *(navést, jak je třeba – bolest, ekzém, hojení...).*

Pamatujte si, je to magické jezírko se všemi léčivými vlastnostmi... Které jsou potřebné ke zmírnění *vašeho stavu.*

Je to skoro, jako by voda pronikla do vašeho těla, možná to můžete cítit, nevím, možná od chodidel, lýtek, stehen, stoupající do pánve, břicha, hrudi, ramenou, paží, krku až po hlavu, vaše čelo, temeno... Do celého těla.

Vy víte, že co vaše mysl zažívá v tomto příjemném stavu, jsou představy. Ale také víte, že vaše představivost má obrovskou moc. Tak je to dobře.

Představivost je mocný nástroj. Nástroj, který když spustí myšlenky na různé vzpomínky, dokáže ovlivnit vaše chování... Stejně jako veselé vzpomínky dokážou vykouzlit radost nebo úsměv na vaší tváři. Stejně tak nyní a kdykoliv od této chvíle představa na vaše magické jezírko dokáže působit fyzicky na vaše tělo, na jeho změnu (je jedno jak)...

Od této chvíle, mezi spánky sílí, ano. S každou další vzpomínkou, lépe, jistěji. Tak je to dobře.

Kdykoliv si vzpomenete, kdykoliv budete potřebovat, můžete si vzpomenout na vaše jezírko, můžete na něj myslet. I po krátkou dobu.

Problémy budou ustupovat s každou návštěvou vašeho jezírka.

www.ingramcontent.com/pod-product-compliance
Lightning Source LLC
LaVergne TN
LVHW011728060526
838200LV00051B/3069